MICHAEL MARY

DER BEZIEHUNGS-CODE

Wie Sie Ihre Partnerschaft verbessern, ohne Ihren Mann zu ändern

Anleitung zu einer glückenden Partnerschaft

Manche Leserin mag sich angesichts dieses Buchtitels fragen: »Gibt es wirklich so etwas wie einen Code zum Verhalten meines Partners, der mir entschlüsselt, warum er so tickt wie er tickt? Demnach müssten die meisten Männer ja ganz ähnlich gestrickt sein und hätten in Beziehungen immer vergleichbare Motive und Absichten? Aber: Gibt es denn überhaupt noch Männer ›wie früher‹? Oder ist es im Gegenteil so, dass sie sich gar nicht mehr so grundsätzlich von uns Frauen unterscheiden? In dem Fall müsste es doch ganz einfach sein, meinen Partner zu verstehen?«

Jede dieser Fragen ist berechtigt. Fest steht, dass sich die Bedingungen, unter denen sich die Geschlechter entfalten, in unseren westlichen Gesellschaften grundlegend verändert haben. Würde man etwa aus 10 000 Metern Höhe mit einem Teleobjektiv die Menschen in ihren Arbeits- und Lebensumfeldern – an den Börsen dieser Welt, in Verwaltungen, in Technologiekonzernen oder auf Sportveranstaltungen – beobachten, so könnte man nicht eindeutig zuordnen, wo man es mit Männern und wo mit Frauen zu tun hat.

Richtet man den Blick aus der Ferne hingegen auf Paarbeziehungen, fällt diese Unterscheidung viel leichter. Dort lässt sich meist schnell ausmachen, in welchen Lebensbereichen Männer und Frauen zugange sind. Wenn es um Kinder und Haushalt geht, sind es meist Frauen, die sich hier kümmern. Liegt dagegen ein Mensch mit einem Schraubenschlüssel unter einem Auto, handelt es sich dabei höchstwahrscheinlich um einen Mann.

Warum nun lässt sich dieses traditionelle Rollenverhalten in Paarbeziehungen so viel leichter aufspüren als in der Arbeitswelt? Das liegt daran, dass Verhaltensweisen in Beziehungen wirtschaftlichen und sozialen Entwicklungen mit einer gewissen Verzögerung nachfolgen. Wie wir als Paare leben ist schließlich Privatsache. Daher können Männer wie Frauen in ihren Liebesbeziehungen auf ein althergebrachtes Rollenverhalten zurückgreifen; und oftmals tun sie das. Hier liegt ein Ansatzpunkt dieses Buches. Es mag zwar fraglich sein, ob es noch klar beschreibbare »Männertypen« gibt. Typisch männliches Verhalten in bestimmten Situationen gibt es zweifellos. Ebenso steht außer Frage, dass eine Frau an solchen Punkten an ihrem Partner regelrecht verzweifeln kann. Man könnte es auf die Formel bringen: Typische Männer, die sich immer wie solche verhalten, gibt es immer weniger. Aber Situationen, in denen sie sich auf typisch männliches Beziehungsverhalten zurückziehen, gibt es in jeder Beziehung zahllose.

Einem solchen Verhalten können Sie nicht beikommen, indem Sie sich »am Mann« (ab-) arbeiten. In einer Beziehung ist es nicht möglich, den anderen in seiner Persönlichkeit zu verändern. Darum geht es hier auch nicht. Es geht allein um Verhaltensänderungen. Das Benehmen des Partners zu beeinflussen ist durchaus möglich, denn in einer Beziehung entsteht Verhalten stets als Reaktion auf den anderen. Wenn also einer von beiden seines ändert, dann tut der andere das in der Folge ebenfalls. Auf den nächsten Seiten zeige ich Ihnen, wie Sie als Frau an bestimmten Punkten besser mit Ihrem Partner umgehen können. Das kann Ihnen gelingen, indem Sie sein Verhalten durch neue Reaktionsweisen beeinflussen.

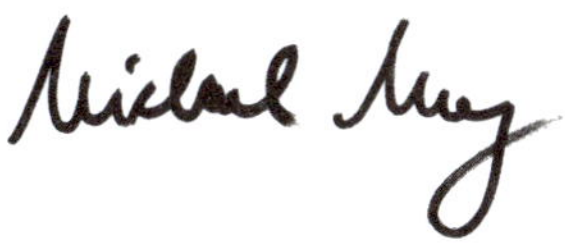

Abschied vom kleinen Unterschied

Gibt es sie wirklich, die wesensmäßigen Unterschiede zwischen Männern und Frauen? Um diese Frage ausreichend beantworten zu können, sollten wir uns erst einmal klarmachen, was man unter einem Geschlecht eigentlich versteht und wozu die Unterscheidung von Männern und Frauen in unserer Gesellschaft dient – also, wozu wir sie im täglichen Zusammenleben brauchen.

VON FRAUEN UND MÄNNERN

Es liegt auf der Hand, dass die Geschlechterbezeichnungen »Mann« und »Frau« immer dann herangezogen werden, wenn es um die biologischen Verschiedenheiten geht. Will man etwa die Fortpflanzungsvorgänge der Gattung Mensch erklären, kommt man um die von der Natur gegebenen Geschlechterunterschiede nicht herum. Schon lange bevor der Mensch auf der Bühne der Evolution auftauchte, war die genetische Ausstattung zahlreicher Lebewesen auf je zwei Vertreter einer Art aufgeteilt. Einer von beiden liefert die für die Fortpflanzung notwendige Samenzelle, der andere die Eizelle. Aufgrund dieses biologischen Arrangements sind zahllose Variationsmöglichkeiten für den Gen-Pool möglich. Das wiederum erhöht die Überlebenschancen einer Art. Eine Folge dieser Aufteilung ist, dass bei der Gattung der Säugetiere immer der weibliche Part den Nachwuchs in sich trägt und gebärt. Als Mann bezeichnet man den nicht gebärenden, zeugenden Elternteil.

Typisch männlich? Typisch weiblich?

Ganz anders sieht die Sache bei den sozialen Merkmalen aus, die »Mann« und »Frau« zugeschrieben werden. Hinsichtlich der Eigenschaften, die beide Geschlechter benötigen, um in Beziehungen miteinander klarzukommen, hat die Natur kaum Vorgaben gemacht. Welche Fähigkeiten Männer und Frauen entwickeln, welches Verhalten erlaubt und verboten ist, das hängt nicht von Genen oder Hormonen ab, sondern von der jeweiligen gesellschaftlichen Organisation, in der sie leben. Aus diesem Grund hat sich die Vorstellung davon, was männlich und was weiblich ist, im Lauf der Zeit und abhängig von den jeweiligen Lebensumständen stets verändert. Stärker, als dies den meisten von uns bewusst ist.

Wie eine Gesellschaft die Rollen bestimmt

Könnte man den Lebensalltag aller ehemaligen, jetzigen und zukünftigen Völker und Kulturen dieser Erde auf einen riesigen Globus projizieren, dann würde einem sofort die soziale Bestimmung männlicher und weiblicher Eigenschaften ins Auge fallen. Diese sind sehr unterschiedlich: So könnten wir bei bestimmten Kulturen beobachten, dass sich Männer für Frauen schön machen, um begehrenswert zu erscheinen und andere, bei denen es sich genau umgekehrt verhält. Bei anderen Völkern würde man Frauen sehen, die allein die politische Verantwortung tragen, während Männer davon ausgeschlossen sind und wieder andere, bei denen das Gegenteil der Fall ist.

Dann gäbe es Verbände, die in Sippen leben und andere mit Kleinfamilienstrukturen. Dabei würde der Beobachter feststellen, dass die Frauen in den Sippen sehr viel unabhängiger von Männern sind und stärker und selbstbewusster als Frauen in Kleinfamilien. Auch würde man Frauen sehen, die ihre empfindliche Haut vor Staub und Sonne schützen, aber auch andere, die Rennwagen fahren oder als Soldatinnen in den Krieg ziehen. Auf dem Globus der Geschlechter könnte man kein einziges Verhalten ausmachen, das grundsätzlich für ein bestimmtes Geschlecht reserviert ist und das dem anderen unmöglich wäre.

Lediglich aus der begrenzten Sichtweise einer einzelnen Kultur und einer bestimmten Zeit heraus mag die Verhaltensfestlegung der Geschlechter nicht als sozial bestimmt, sondern als naturgegeben erscheinen. Auch in unserer Kultur sieht vieles naturgegeben aus, das aber eigentlich sozial vorbestimmt ist. So mag es zwar zutreffen, dass Männer meist über mehr Muskelkraft verfügen als Frauen. Aber was daraus folgt, hängt allein von den sozialen Gegebenheiten ab. Die Körperkraft eines Menschen spielt nur bezogen auf Kampf-

und Kriegshandlungen oder bei schwerer körperlicher Arbeit eine Rolle und dort auch nur bei einer unterentwickelten Technik, etwa wenn es um den Kampf zwischen zwei Menschen geht. Geht es Gewehr gegen Gewehr oder gar Drohne gegen Drohne, dann nutzt Muskelkraft nichts, weshalb Frauen heutzutage in den Armeen dem Handwerk des Tötens ebenso effektiv nachgehen, wie Männer das tun. Auch schwere körperliche Arbeiten werden seit Jahrzehnten größtenteils von Maschinen übernommen.

Herrschaftsverhältnisse = Geschlechterverhältnisse

Auch bei der Frage, ob sich nun Männer oder Frauen besser eignen, um die politischen Geschicke einer Gemeinschaft zu lenken, handelt es sich um keine der jeweiligen biologischen Ausstattung, sondern allein um eine der jeweiligen Herrschaftsverhältnisse. Wer in einer Gesellschaft die politische Verantwortung trägt, beispielsweise in einem kleinen Stamm die Geschicke seiner Sippe lenkt oder einem Land als PremierministerIn vorsteht, ist nicht erblich dazu bestimmt. Dies hängt in jedem Fall von der Selbstorganisation der jeweiligen Gesellschaft ab.

Dass sich die Geschlechter hinsichtlich ihrer sozialen Eigenschaften nicht unterscheiden und Männer und Frauen gleichermaßen zu jedem erdenklichen Verhalten imstande sind, ist für viele Menschen immer noch schwer vorstellbar, nicht zuletzt deshalb, weil hierüber zahllose Mythen kursieren. Auch werden von den Vertretern einer biologistischen Begründung für geschlechtsgebundenes Verhalten, – also einer, die auf die biologischen Unterschiede von Mann und Frau und daraus angeblich resultierende menschliche Verhaltensweisen und gesellschaftliche Zusammenhänge abhebt – oft falsche oder scheinwissenschaftliche Darstellungen verbreitet. Aufgrund neuerer Studien fällt es allerdings immer leichter,

SCHLUSS MIT ÜBERHOLTEN KLISCHEES

Eine bei Biologisten beliebte Behauptung lautet, Frauen seien aufgrund ihrer naturgegebenen Ausstattung mit weniger sexueller Lust (Libido) ausgestattet als Männer und daher naturgemäß auch treuer. Dies habe ich ausführlich in meinem Werk »Von wegen Venus und Mars« widerlegt, → siehe Seite 190.

Die Biologin und Spiegel-Autorin Rafaela von Bredow fasst weitere Fakten zusammen, die ganz und gar nicht zur These der sexuell antriebslosen Frau passen: »*Warum – falls das Naturgesetz vom treuen Kuschelheimchen ohne große Libido tatsächlich Gültigkeit hätte – versuchen dann Männer auf der ganzen Welt, Frauen mit eingeschnürten Füßen (China), verschleierten Gesichtern und Körpern (wie in islamischen Kulturen) und abgetrennter Klitoris (in einigen Regionen Afrikas und in den USA als ›Berichtigung‹ an weiblichen Säuglingen mit größerer Klitoris) vom Fremdgehen abzuhalten? (Quelle: Der Spiegel 30/2000, »Das wahre Geschlecht«)*«
Die von der Natur zu Zurückhaltung, Passivität und eingeschränkter Lust verurteilte Frau, von der das Bundesverfassungsgericht noch im Jahr 1957 behauptete: »*Schon die körperliche Bildung der Geschlechtsorgane weist für den Mann in eine mehr drängende und fordernde, für die Frau mehr hinnehmende und zur Hingabe bereite Funktion auf*«, gibt es nur in den Köpfen konservativer Forscher und oberflächlicher Autoren. Frauen sind sexuell genauso aktiv und fordernd wie Männer – wenn sie es wollen und gelassen werden. Das belegen auch die folgenden Ausführungen des Ethnologen Hans Peter Duerr (→ siehe Seite 190): »*Die Mädchen und Frauen*

der Kaulong auf Neubritannien [Papua-Neuguinea] beispielsweise galten in sexueller Hinsicht als äußerst aggressiv und draufgängerisch, und diese Eigenschaften wurden bereits in der frühen Kindheit erzieherisch unterstützt, während man die Buben anhielt, sich gegen die Mädchen nicht zu wehren, sondern zu fliehen. In fortgeschrittenem Alter boten die jungen Mädchen den Männern Tabak oder gekochte Nahrung für ihre Liebesdienste und zeigten sie sich unwillig, griffen die Mädchen häufig zu Gerten oder Stöcken und schlugen auf die jungen Männer ein oder bedrohten sie mit dem Messer, wobei sich diese nur mit Worten zur Wehr setzen durften.«

diese rückwärtsgewandten Argumentationen zu entkräften. Solche und andere Beispiele zeigen, dass es sich bei der Definition von Geschlechtern immer um gesellschaftliche Konstruktionen handelt, deren Festlegungen sich je nach den herrschenden Umständen wandeln können. So etwas wie ein »natürlich« männliches oder weibliches Verhalten gibt es schlicht und einfach nicht. Dies jedoch in aller Ausführlichkeit darzustellen würde den Rahmen dieses Buches sprengen.
An dieser Stelle möchte ich aber auf andere Quellen und Veröffentlichungen, wie etwa »Die Geschlechterlüge« der Neurowissenschaftlerin Cordelia Fine verweisen → siehe Seite 190. Diese widmen sich dem Einfluss von Genen, Hormonen oder Gehirnstruktur auf die Geschlechter und lassen nicht mehr viel von einem vorgegebenen geschlechtsspezifischen Verhalten übrig.

Verhalten ist veränderbar

Sie sehen, kein menschliches Verhalten ist naturgegeben, sondern immer sozial veränderbar. Denn wäre ein Mann genetisch auf ein bestimmtes Rollenverhalten festgelegt, so wäre er auf Gedeih und Verderb an diese Vorgaben gebunden und könnte sich nicht aus diesem Korsett befreien. Das Gleiche gilt natürlich auch für Frauen. Dann bräuchten Sie sich als Partnerin Ihres Mannes und Leserin dieses Buches auch keine Gedanken über den Umgang mit Ihrem Mann zu machen, denn es wäre ja nur ein ganz bestimmter, rollenspezifischer Umgang miteinander möglich. Ihr Mann wäre dann wie alle anderen Männer und so, »wie diese eben sind«, und keine Frau der Welt – Sie auch nicht! – könnte deren Verhalten jemals verändern. Dann würde Ihr Mann einerseits nicht anders können und Ihnen als Frau bliebe andererseits nur übrig, Ihr genetisch vorgegebenes Schicksal hinzunehmen, sich in ihre Rolle zu fügen und sich auf Ihren Partner einzustellen.

Wie sich männliches Rollenverhalten aufschaukelt

Bemerkenswert ist übrigens, dass ein männliches Rollenverhalten umso typischer ausfällt, je stärker ein Mann mit einem typisch weiblichen Rollenverhalten konfrontiert ist. Es wirkt dann angesichts einer »typischen Frau« so, als könne er fast gar nicht anders, als den »typischen Mann« zu geben.

Dass Sie als Leserin sich aber nun damit befassen, wie Männer in Wirklichkeit ticken, weist darauf hin, dass Sie die Begrenzungen Ihres besonderen Rollenverhaltens verlassen wollen. Denn wie dieses Buch zeigen wird, haben Sie nur eine einzige (!) Möglichkeit, ein störendes oder die Beziehung belastendes Verhalten Ihres Partners zu verändern. Sie besteht ausschließlich in einer deutlichen Veränderung Ihres eigenen Verhaltens. Was also früher als naturgegeben galt und als unverrückbare Wahrheit erschien, hat heute seine absolute Geltung verloren. Ein Vergleich von Gesellschaften im Gestern und Heute wird dies sehr deutlich zeigen.

TRADITION CONTRA MODERNE

Das Verhalten der Geschlechter hängt, wie wir gesehen haben, von den sozialen Umständen ab. Da es in unserer Gesellschaft ein sehr ausgeprägtes Rollenverhalten gibt, stellt sich die Frage nach den Ursachen dafür. Schauen wir uns dazu die gesellschaftlichen Umstände früher und heute sowie ihren Einfluss auf das Verhältnis zwischen Männern und Frauen näher an.

Von der Liebe in Urzeiten

In den sogenannten Urgesellschaften lebten die Menschen in überschaubaren, sippenhaften Verbänden. Kleinfamilien und die sich aus ihnen ergebenden Paarbeziehungen wie heute üblich gab es noch nicht. Die Kinder einer Frau gehörten zu ihrer Sippe und wurden von deren Angehörigen (also auch von ihrem Vater und ihren Brüdern) versorgt und beschützt. Die Erbfolge war immer matrilinear, also an der mütterlichen Linie orientiert. Meist standen Frauen auch den Sippen vor. Die Aufgabe der Männer bestand hier darin, die Außenbeziehungen zu anderen Stämmen zu regeln. Sie waren diejenigen, die kriegerische Auseinandersetzungen anführten oder auch Frieden schlossen.

Für eine Frau bedeutete ihr Aufgehobensein in der Sippe Freiheit und Unabhängigkeit gegenüber dem Mann, dem sie in Liebe verbunden war oder von dem sie Kinder hatte.

Ein solcher Mann wurde auch nicht als »Ehemann« bezeichnet, sondern als »Vater ihrer Kinder«. Der Mann hatte dabei keine Ansprüche auf sie oder auf die Nachkommen von ihnen beiden, denn er gehörte seiner eigenen Sippe an. Die Liebesbeziehung von Mann und Frau beruhte in diesen Zeiten allein auf Freiwilligkeit und konnte jederzeit von beiden Seiten gelöst werden.

Wie die Frau am Herd landete

Dieser soziale Hintergrund von Paarbeziehungen änderte sich im Lauf der Zeit. Wesentlicher Faktor dabei war die Entwicklung hin zu Sesshaftigkeit und einer landwirtschaftlichen Produktionsweise. Dadurch gewannen sowohl der Handel als auch die Auseinandersetzungen und Scharmützel mit anderen Stämmen an Bedeutung. Für beides waren die Männer zuständig, für die sich damit ein Machtgewinn ergab. Aufgrund ihrer Schlüsselstellung bei der Organisation der Außenbeziehungen gerieten Land und Warenverkehr im Laufe der Zeit zunehmend unter männliche Kontrolle, es entstand erstmals ein, wenn auch anfangs nur bescheidener, Besitz. Daraus ergab sich eine Veränderung der Erbfolge. Denn es lag im Interesse des Mannes, seinen Besitz an eigene Kinder zu vererben, um diesen zu wahren und im Alter versorgt zu sein.

Die Entstehung der traditionellen Familie

In diesem geschichtlichen Abschnitt entwickelten sich allmählich Familienstrukturen innerhalb der immer größer werdenden sozialen Verbände und die Frau geriet langsam aber sicher in Abhängigkeit zum Mann. Da Kinder einen Anspruch auf Erbe hatten, wurde auch die sexuelle Treue der Frau wichtig: So konnten die jeweiligen Sprösslinge eindeutig ihrem Vater zugeordnet werden. Aufgrund der wachsenden Macht der Männer innerhalb der Sozialverbände entstanden patriarchalisch organisierte Gemeinschaften. Der Mann gewann Herrschaft über die Frau.

Männern und Frauen wurden im Laufe dieser Entwicklung bestimmte Rollen zugewiesen, die in einer – unter diesen Bedingungen sinnvollen – Arbeitsteilung begründet waren. Hier entstand die Fixierung der Frau auf das Innenleben der Familie. Sie war fortan für Heim und Herd zuständig, während der Mann die Familie nach

Außen repräsentierte und als Landbesitzer wie als Händler Frau und Kinder ernährte. Die Familie bildete eine Produktionsgemeinschaft mit verteilten Rollen.

Die neue Abhängigkeit der Frau bedeutete nun, dass sie einen Mann »haben« musste, um überleben zu können. Dieser sollte »stark« sein, um seinen Aufgaben als Familienvorstand und -versorger gerecht werden zu können. Während Frauen nun wahrnehmende, im Innenleben der Familie benötigte soziale Fähigkeiten kultivierten, entwickelten Männer aktive, im Außenleben benötigte Kenntnisse und Fertigkeiten.

Es sind diese besonderen – heute nicht mehr zeitgemäßen – Verhältnisse, welche die Aufgabenteilung und damit die von uns als »natürlich« empfundenen typisch männlichen und weiblichen Fähigkeiten und Verhaltensmerkmale entstehen ließen.

Die Rollenfixierung wirkt prägend auf das Seelenleben: Frauen konzentrieren sich auf die sozialen Aspekte des Familienlebens, Männer auf die politischen Faktoren des sozialen Miteinanders. Die jeweiligen Fixierungen werden immer weiter an die nächste Generation gegeben, wobei sich die Mädchen an Frauen und die Jungen an Männern orientieren.

Heute: Alles ist möglich

Kommen wir zum Heute. Die sozialen Bedingungen haben sich in den westlichen Gesellschaften mittlerweile so stark verändert, dass die traditionelle Rollenverteilung immer weniger Sinn macht. Das umfasst verschiedene Lebensbereiche.

Zum einen hat die Familie ihre Aufgabe als Produktions- und Überlebensgemeinschaft verloren, weil die heutige Herstellungsweise vorwiegend industriell ist. Zudem kommt der Staat weitenteils für die Altersversorgung auf, weshalb es dazu nicht mehr nötig ist, viele Kinder in die Welt zu setzen. Auch die soziale Vormachtstellung des Mannes gegenüber der Frau ist sinnlos, weil mittlerweile Frauen die Außenbeziehungen von Familien und politischen Verbänden ebenso gut regeln können wie Männer. Sie erobern zunehmend auch den politischen Bereich. Eine Frau muss heutzutage auch keinen Mann mehr »haben«, um zu überleben, genauso wenig wie ein Mann nicht mehr »stark« sein muss.

Das Rollenverhalten hat also seine materielle und soziale Grundlage fast vollständig eingebüßt. In der logischen Folge dieser Entwicklung löst sich die Festlegung der Geschlechter in sogenannte spezifisch männliche und spezifisch weibliche Fähigkeiten auf. Männer und Frauen entwickeln zunehmend gleiche Eigenschaften und Verhaltensweisen. Alle menschlichen Fähigkeiten verteilen sich auf beide Geschlechter.

Langsame Anpassungsprozesse

Allerdings – ich habe es bereits im Vorwort angedeutet – hinkt die psychische Entwicklung des Einzelnen den sozialen Veränderungen hinterher. Bis sich tradierte Verhaltensweisen grundlegend verändern, gehen oft Generationen ins Land. Aus diesem Grund kommt dem traditionellen Rollenverhalten – in ländlichen Gegenden mehr, in städtischen weniger – immer noch eine große Bedeutung zu.
So bekommen kleine Mädchen auch heute noch meist Puppen und kleine Jungen Matchbox-Autos geschenkt mit der Spätfolge, dass später mehr Männer als Frauen technische und naturwissenschaftliche Ausbildungswege beschreiten. Solange es also die Kleinfamilie gibt und darin die althergebrachte Rollenteilung aufrechterhalten wird, solange wirken sich diese Bedingungen auch auf die psychische Verfassung von Männern und Frauen aus. Deshalb lohnt sich ein Blick auf diese Auswirkungen.

Rollenteilung und die Liebe

Familiäre Strukturen hinterlassen Spuren im Liebesverhalten eines Menschen. Frauen sind in den heute üblichen Settings – zumindest solange die Kinder klein sind – größtenteils für diese zuständig, während Männer in dieser Zeit meistens weiterhin ihrer Arbeit nachgehen. Für Jungen und Mädchen aus solchen Familienstrukturen ergeben sich daraus wesentliche Folgen.

So lernt ein kleiner Junge als »erste Frau« seines Lebens eine Frau kennen, die Macht über ihn hat und von der er kontrolliert und beherrscht wird. Für das Mädchen sieht es umgekehrt aus. Sie lernt den »ersten Mann« ihres Lebens als jemanden kennen, der oft nicht erreichbar ist, weil er sich – auch heute noch – weit mehr um seine Arbeit als um seine Tochter kümmert.

Lebens- und Liebesverhältnisse

Jungen und Mädchen machen so ganz unterschiedliche Erfahrungen mit Liebe. Für Jungen steht die erste Liebe im Zusammenhang mit Enge, für Mädchen mit Mangel. Diese ersten Erfahrungen mit der Liebe zum anderen Geschlecht wirken sich später im Beziehungsleben der Erwachsenen aus. Ein Mann, der eine Frau liebt, befürchtet dann unbewusst, von ihr eingeengt und kontrolliert zu werden. Dagegen ist eine Frau, die einen Mann liebt, ebenfalls unbewusst auf der Hut vor Vernachlässigung. Um der befürchteten Enge beziehungsweise dem Mangel zuvorzukommen, verhalten sich Männer und Frauen in Liebesdingen daher oft unterschiedlich. Während Männer sich eher verschließen, bemühen sich Frauen um Nähe → siehe hierzu ausführlich mein Buch: »Wie Männer und Frauen die Liebe erleben«.

Das unterschiedliche Verhalten von Männern und Frauen in Liebes- und Paarbeziehungen spielt für das Thema dieses Buches natürlich eine wesentliche Rolle. Denn obwohl Frauen heute politische und wirtschaftliche Bereiche erobert haben, obwohl Männer sich mehr ihren Kindern zuwenden, indem sie beispielsweise Elternzeit nehmen oder sich im Fall einer Trennung auch Umgangsrechte mit ihren Sprösslingen erstreiten, obwohl Rollenverhalten kaum noch an das Geschlecht gebunden ist, obwohl auch Frauen »stark« und Männer »einfühlsam« sein können, finden sich in sehr vielen Liebesbeziehungen noch deutliche Spuren typisch männlichen und typisch weiblichen Verhaltens. Das bedeutet aber keinesfalls im Rückschluss, dass es deshalb (noch) typische Männer gäbe.

Typisch Mann?

Wenn ich hier von typisch männlichem oder weiblichem Verhalten spreche, meine ich damit nicht, dass es bestimmte »Männertypen« gäbe. Mit einer rein charakterlichen Typisierung würde ich der Vielfalt männlicher Verhaltensweisen, die man heute beobachten kann, nicht gerecht werden.

Früher sprach man beispielsweise von »Cholerikern« oder »Phlegmatikern«, »Sanguinikern« oder »Melancholikern«. Man ging dabei davon aus, dass sich diese charakterlichen Eigenschaften des Jähzornigen, Trägen, heiter oder eher trübsinnig Gestimmten in allen Lebensbereichen eines Menschen zeigen würden. Heute sind wir so sehr individualisiert, dass lediglich vier Kategorien eine Persönlichkeit nicht sinnvoll beschreiben können. Jeder Mensch ist überaus vielfältig, ja er ist regelrecht vielgesichtig. Das macht die folgende moderne Definition des Begriffs Persönlichkeit des Psychologen Lothar Laux aus dem Jahr 2003 deutlich: »*Die Persönlichkeit lässt sich verstehen als die Gesamtheit aller psychischen Eigenschaften und Verhaltensbereitschaften, die dem Einzelnen seine eigentümliche, unverwechselbare Individualität verleiht.*«

Man kann sich in etwa vorstellen, wie groß die Bandbreite dieser »Gesamtheit aller psychischen Eigenschaften und Verhaltensbereitschaften« ist. Jedes unserer Verhalten ist überaus vielfältig, ebenso wie es die Verhältnisse sind. Ein Verhalten kann also nicht typenhaft festgelegt sein. Es ist immer situationsabhängig, und deshalb ist persönliche Flexibilität gefordert. Wie sehr sich selbst ein grundlegend erscheinendes Verhalten verändern kann, wenn es die Lage erfordert, zeigt folgende Geschichte:

Ein Beispiel aus dem Beziehungsalltag

Eine Frau bekam ein Kind von ihrem Freund, die beiden lebten getrennt. Nach wenigen Monaten war klar, dass er sich kaum um das Baby kümmerte und auf ihre Appelle, mehr Verantwortung zu übernehmen, auch nicht weiter reagieren würde. Er verhielt sich so, als hätte er mit dem Kind nicht viel zu tun. Man könnte dem Mann durchaus einen selbstbezogenen »Charakter« unterstellen und davon ausgehen, dass er nicht in der Lage wäre, diesen zu verändern. Doch eines Morgens erhielt er einen Anruf, in dem ihm seine Freundin mitteilte: »Dein Kind liegt vor deiner Wohnungstür. Ich wünsche dir alles Gute!« Als der Mann die Tür öffnete, stand dort der Kinderwagen mit dem kleinen Mädchen darin. Von seiner Freundin hat er danach nichts mehr gehört, sie hatte ihn allein gelassen. Aber aus dem unzuverlässigen und bindungsunfähig erscheinenden Mann wurde binnen Kurzem ein fürsorglicher und liebevoller Vater, was niemand für möglich gehalten hatte. Seine Freunde »erkannten« ihn nicht wieder.

Das Phänomen der Vielgesichtigkeit

Das Fallbeispiel des jungen Vaters zeigt, wie flexibel männliches Verhalten heute sein kann und wie sehr es von den jeweiligen Lebensumständen abhängig ist. Zu den Umständen des männlichen Verhaltens gehört in Bezug auf unser Thema vor allem und in erster Linie die Partnerin und ihr Verhalten.

Auch die Partnerin eines Mannes ist zu vielfältigem Verhalten jenseits von starren Rollenfestlegungen in der Lage, das macht das Beispiel ebenfalls deutlich. Welche rollenfixierte Frau hätte so gehandelt? Der Begriff, mit dem man den modernen Mann und die moderne Frau passend beschreiben kann, lautet unter heutigen Umständen: Vielgesichtigkeit.

WIR TRAGEN VIELE GESICHTER

Es macht für Sie als Frau also nach den vorangegangen Ausführungen wenig Sinn, sich darüber Gedanken zu machen, mit welchem »Typ Mann« Sie es in Ihrer Beziehung zu tun haben und wie Sie demzufolge am besten mit ihm umgehen. Es macht aber viel Sinn, immer auf das jeweilige Verhalten Ihres Partners einzugehen. Das können Sie am einfachsten und effektivsten – wie das Beispiel auf der nebenstehenden Seite auf etwas überdeutliche Weise zeigt und wie es im weiteren Verlauf des Buches deutlich werden wird –, indem Sie ab sofort an Ihrem eigenen Verhalten ansetzen.
Fazit: Es gibt keinen speziellen »Typ« Mann mehr, sondern vielmehr ein typisch männliches Verhalten. Dieses passt Ihnen oder es stört Sie, und dieses – daran sollten Sie wirklich glauben – ist mit hoher Wahrscheinlichkeit veränderbar.

PAARBEZIEHUNGEN HEUTE

Jeder Mensch ist heute vielgesichtig, weil er sich in den verschiedensten sozialen Bezügen zurechtfinden muss. Das habe ich auf den vorangegangenen Seiten erläutert. Daher macht es in einer Beziehung wenig Sinn, sich mit einem Mann »als Ganzem« zu befassen oder seine Person oder seinen Charakter verändern zu wollen oder sich Gedanken darüber zu machen, was für ein »Typ« er ist oder wie man ihm am besten begegnet und mit ihm umgeht. Der richtige Ansatz dagegen ist immer die genaue Betrachtung des jeweiligen Problems, welches man in der Beziehung gerade hat und das darin gezeigte Verhalten des Mannes.

Drei Beziehungsdimensionen

Das jeweilige Problem stellt sich darüber hinaus nicht bloß als ein Liebesproblem dar, es ist oft auch in der Struktur einer Paarbeziehung begründet. In modernen Beziehungen gibt es nämlich nicht nur einen, sondern immer mehrere Bereiche, in denen sich die Liebe eines Paares zeigt – und das auf unterschiedliche Weise. So sind auch Paarbeziehungen von der Entwicklung hin zur sozialen Vielfalt gekennzeichnet. Sie sind ebenfalls »vielgesichtig« geworden und zeigen drei verschiedene Gesichter: ein partnerschaftliches, ein freundschaftliches und ein emotional-leidenschaftliches Gesicht.

Die partnerschaftliche Dimension

Ursprünglich entstand die Ehe, die offizielle Paarbeziehung in patriarchal organisierten Gesellschaften, als eine Versorgungsgemeinschaft, die dem Überleben beider Partner und ihrer Fortpflanzung diente. Mann und Frau waren einander (Über-) Lebenspartner und sie liebten sich dementsprechend »als Lebenspartner«. Eine auf die einzigartige Persönlichkeit des Partners bezogene Liebe wurde von ihnen nicht erwartet. Es genügte, wenn sie im Rahmen der Rollenteilung ihre Pflichten erfüllten und »gut« zueinander waren. Die leidenschaftliche Liebe – die »reine Liebe« – spielte in einer Ehe keine Rolle, sie fand außerhalb von ehelichen Beziehungen statt.

Die emotional-leidenschaftliche Dimension

Im Lauf der Zeit begann sich die Gesellschaft zu individualisieren. Aus Personen, die ehemals bestimmten Ständen angehörten und durch sie gesellschaftlich definiert wurden, wurden Einzelwesen. Ihnen wurde nun eine Einzigartigkeit zugeschrieben und aufgrund dessen spielten ihre Gefühle und Gedanken eine zunehmend wichtige Rolle. Als ein Ergebnis dieses Individualisierungsprozesses wurde gegen Ende des 18. Jahrhunderts im Zeitalter der Romantik die Vorstellung geboren, Paare sollten sich nicht länger partnerschaftlich, sondern emotional und leidenschaftlich lieben. Sie sollten ausschließlich »reine Liebe« füreinander empfinden und sich »als Liebespartner« zugetan sein. Diese neue Vorstellung floss nach der kurzen Phase der Romantik schließlich in das bürgerliche Liebesideal der Vernunftehe ein. Jenes besagte, dass sich ein Paar in der ersten Phase seiner Beziehung emotional beziehungsweise leidenschaftlich lieben sollte. Galt es vor der kurzen Ära der Romantik noch als selbstverständlich, dass Eltern die Partner für ihre Söhne und Töchter nach gesellschaftlichen Kriterien auswählten, überließ man die Auswahl nunmehr den jungen Männern und Frauen, indem sie sich ineinander verliebten. Nach der Verliebtheitsphase jedoch sollten sich die Partner als Lebenspartner auf »vernünftige« Weise lieben. Das bürgerliche Lebensideal fügte auf diese Weise die bis dahin getrennte partnerschaftliche und leidenschaftliche Liebe zu einer Einheit zusammen.

Die freundschaftliche Dimension

Gegen Ende des letzten Jahrtausends, sozusagen auf dem vorläufigen Höhepunkt der Individualisierung des Menschen, wurde der Paarbeziehung nun noch eine weitere Aufgabe auferlegt. Von jetzt an sollten sich beide Partner zusätzlich in ihrer jeweiligen individuellen Entwicklung unterstützen und sich gegenseitig bei ihrem sogenannten »persönlichen Wachstum« helfen. Sie sollten sich »als Freunde« lieben, indem sie sich gegenseitig vorbehaltlos akzeptierten »wie sie waren«.

Diesen zusätzlichen Auftrag für die Beziehung zwischen zwei Partnern hat ihr die Gesellschaft übertragen, weil andere soziale Verbände – der gesellschaftliche Stand und allem voran die Familie – zunehmend zerfallen. Der einzelne Mensch wäre ansonsten sich selbst und seiner Vereinsamung überlassen, würde nicht ein anderer Mensch – ein Liebespartner – für die entsprechende Bestätigung auf der individuellen Ebene sorgen.

Liebesformen und der daraus folgende Umgang mit Paarproblemen

Die moderne Paarbeziehung weist – wie Sie nach den Ausführungen auf den vorigen Seiten gesehen haben – drei völlig unterschiedliche Liebesformen auf. Daraus ergeben sich logischerweise jeweils verschiedene Anforderungen an beide Partner. Daher sind auch die Probleme in jedem dieser drei Bereiche – dem partnerschaftlichen, dem emotional-leidenschaftlichen und dem freundschaftlichen Paarbereich – unterschiedlich gelagert. Jedem von ihnen muss mit jeweils anderen Mitteln und Kommunikationsstrategien begegnet werden. Ich möchte diese verschiedenen Anforderungen der Liebesbereiche hier nur insoweit skizzieren, als sie für unser Thema von Bedeutung sind.

THEMEN DER VERSCHIEDENEN LIEBESBEREICHE

Partnerschaftliche Liebe: Sie zeigt sich in gegenseitiger materieller Versorgung und alltäglicher Lebensbegleitung. Das Wort »Ehe« meint nicht zufällig im ursprünglichen Wortsinn »Vertrag«. Eine Zusammenarbeit, wie sie mit einer Heirat vereinbart wird, erfordert von jedem Partner, dass er bestimmte Pflichten und Aufgaben übernimmt. Die partnerschaftliche Liebe ist daher auf Verlässlichkeit und Berechenbarkeit angewiesen, ihr wesentliches Merkmal die Vertrautheit mit dem Partner. Daher spielen in diesem Liebesbereich Abmachungen und Verhandlungen die Hauptrolle.

Emotional-leidenschaftliche Liebe: Die emotional-leidenschaftliche Liebe wird von einer sexuellen und erotischen Verbundenheit und im Verlangen nach Intimität geprägt, also nach emotionaler Nähe zum Partner. Ihr wesentliches Merkmal ist das Begehren nach intensiver Verbundenheit und Verschmelzung mit dem Partner. Diese Liebesform ist auf das Verlangen angewiesen, die psychische Getrenntheit zwischen den Partnern zu überwinden und sich vollständig verbunden zu fühlen.

Freundschaftliche Liebe: Die freundschaftliche Liebe zeigt sich in der positiven Bestätigung und der Förderung persönlicher Eigenarten und Besonderheiten des Partners. Beide Partner fühlen sich geistig oder durch bestimmte Interessen miteinander verbunden. Man liebt den anderen dafür, wie er ist und weil er so ist. Das wesentliche Merkmal freundschaftlicher Liebe ist daher die bestätigende und wohlwollende Akzeptanz.

Paarprobleme unterschiedlich angehen

Was bedeutet diese Unterscheidung von drei Liebesformen nun für unser Thema und speziell für Sie als Partnerin? Sie bedeutet zum einen, dass Sie die spezifischen Probleme, die sich in jedem der drei Beziehungsbereiche in Ihrer Partnerschaft ergeben können, auf eine andere Weise angehen müssen.

- In der partnerschaftlichen Liebe kommt es darauf an, mit Ihrem Mann zu verhandeln. Wenn er beispielsweise eine vorher abgesprochene Pflicht nicht erfüllt und die Kinder nicht wie vereinbart vom Kindergarten oder vom Sport abholt, dann kann er sich auf keinen Fall damit herausreden, dass er Sie nicht genügend begehrt. Dieses Argument aus der emotional-leidenschaftlichen Liebe hilft in diesem Bereich nicht, denn es kommt im partnerschaftlichen Liebesbereich in erster Linie auf Verlässlichkeit an und darauf, etwas für den anderen Partner zu leisten.
- Im emotional-leidenschaftlichen Liebesbereich hingegen kann nicht verhandelt werden, denn dort geht es nicht um Leistungen und Pflichterfüllung, sondern allein um Verlangen und Verschmelzung. Beispielsweise ist es ziemlich sinnlos, mit dem Argument »Du hast mich schließlich geheiratet«, zu verlangen, dass der Partner einen begehrt. Die leidenschaftliche Liebe wird einem immer *geschenkt*, sie beruht auf gegenseitiger Zuwendung und Hingabe.
- Im freundschaftlichen Liebesbereich wiederum geht es um ein Höchstmaß an persönlicher Akzeptanz des anderen. Diese ganz individuell auf den jeweiligen Partner bezogene Akzeptanz kann aber weder durch partnerschaftliche Verhandlungen noch durch leidenschaftliche Hingabe entstehen. Denn nur weil man

eine Lebenspartnerschaft führt, muss man nicht für die gleiche Oper schwärmen, den gleichen Fußballverein bejubeln oder Fußball überhaupt mögen, den gleichen Interessen und Hobbys nachgehen oder gleiche Meinungen und Ansichten vertreten. Eine freundschaftliche Verbundenheit ergibt sich auch keineswegs aus dem Begehren. Man teilt keine Interessen und Liebhabereien miteinander, bloß weil man eine starke emotionale oder erotische Liebe für seinen Partner verspürt. Die freundschaftliche Liebe beruht infolgedessen weder auf bestimmten Vereinbarungen noch auf Geschenken des Partners. Sie ergibt sich aus dem praktizierten und gelebten *Wohlwollen*, indem beide Partner einander Gutes tun.

Im Partner drei Männern begegnen

In anderer Hinsicht bedeutet die Unterscheidung der jeweiligen Liebesformen, dass eine Frau in jedem der drei Liebesbereiche einem »anderen Mann« begegnen mag: das ist dann zum einen der Lebenspartner, zum anderen der Liebespartner wie auch der vertrauensvolle, intime Freund. Sie tut im Sinne einer lebendigen Beziehung, in der beide Partner immer aufeinander bezogen sind, gut daran, auf jeden dieser drei Männer, die in ihrem Partner stecken, auf unterschiedliche Weise zu reagieren.

Das Fazit aus der Unterscheidung der drei Liebesbereiche lautet: Die Lösungen von schwierigen Situationen unterscheiden sich je nachdem, um welchen Liebesbereich es sich dabei handelt.

Ich werde bei den konkreten Themen, die eine Beziehung stören können, immer wieder Bezug auf die Frage nehmen, in welchem der drei Liebesbereiche das jeweilige Problem stattfindet und ob es sich durch Verhandlung, emotionalen Bezug oder freundschaftliche Zuwendung angehen lässt.

SCHLÜSSEL UND SCHLOSS

Kommen wir nun zu der vielleicht wesentlichsten Grundlage, auf der mein Ansatz in diesem Buch beruht – der Tatsache, dass sich Beziehungsverhalten stets gegenseitig bedingt. Jeder Mensch bestimmt selbst darüber, wie er ist und wie er sich verhält. Dennoch müssen Sie ein störendes Verhalten Ihres Partners nicht einfach hinnehmen. Die gute Nachricht lautet nämlich: Zwar lässt sich Ihr Mann nicht verändern, sein Verhalten aber sehr wohl!

Verhalten bedingt sich gegenseitig

Für einen Tango braucht es immer zwei Tänzer. Das bedeutet nichts anderes, als dass Sie immer direkt oder indirekt am Verhalten Ihres Partners beteiligt sind, auch wenn der eigene Anteil oft gar nicht so leicht zu erkennen ist. In einer Paarbeziehung gibt es kein Verhalten eines Partners, das vom anderen unabhängig ist.

Daraus ergibt sich die Chance, sein Verhalten zu beeinflussen: indem Sie die eigene Reaktion auf Ihren Partner verändern.

Ein Beispiel aus dem Beziehungsalltag

Eine Frau beklagte sich darüber, dass sie sich ständig das – wie sie es nannte – Gemeckere ihres Partners über seine Kollegen anhören musste. »Das geht oft stundenlang und nervt ziemlich«, meinte sie. Diese Reaktion auf seine Meckertiraden kann man ungefähr als »widerwilliges Zuhören« bezeichnen. In der Paarberatung beschwor die Frau nun ihren Partner eindringlich, er solle doch endlich mit seinem Geschimpfe aufhören. Bis hierhin wollte sie ihn ändern. Das tat er aber nicht, weshalb sich ihre Forderung als sinnlos erwies. Also setzte sie nun bei sich an und gab ihrem Mann klar zu verstehen: »Ich will mir das nicht endlos anhören. Wenn es mir zu viel wird, werde ich dir klar sagen ›So, das reicht mir für heute, jetzt bitte ein anderes Thema‹.« Das war ein ganz anderer Ansatz als der Appell: »Hör mit dem Meckern auf.« Der Mann wusste nun, woran er mit ihr war und zeigte sich einverstanden. Wie die beiden später berichteten, klappte es. Die Frau musste einmal den Raum verlassen, weil er nicht aufhörte zu schimpfen, danach respektierte er ihren Wunsch aber tatsächlich und zeigte sogar Verständnis für Sie.

Man kann das Verhalten des Mannes als Schlüssel, das der Frau als Schloss sehen. Das Beispiel zeigt, was sich durch die Veränderung des Schlosses ergibt: Der Schlüssel passt nicht mehr! Der Mann in unserem Beispiel erkennt das und hört auf zu meckern.

Natürlich stellt die Behauptung, dass Sie an jedem Verhalten Ihres Partners beteiligt sind (und umgekehrt selbstverständlich er an jedem Ihrer Verhalten) eine harte Nuss dar. Wenn es Ihnen aber gelingt, diese manchmal bittere Wahrheit zu schlucken und die Nuss dann zu knacken, so begreifen Sie, dass es an Ihnen liegt, welcher Schlüssel in Ihr Schloss passt und welcher nicht.

Das Anliegen dieses Buches besteht zu einem wesentlichen Teil in der Nutzung dieses Schlüssel-Schloss-Prinzips. Dabei sehe ich das Verhalten der Frau immer als Schloss und das des Mannes als Schlüssel, weil sich das Buch in erster Linie an Leserinnen wendet. In dem Moment, in dem Sie davon überzeugt sind, dass es *an Ihnen und Ihrem Schloss* liegt, welches Ihr Mann mit störendem Verhalten aufschließen kann, dann suchen Sie auch am ehesten bei sich nach anderen Reaktionen. So haben Sie die Sache viel mehr in der Hand, als wenn Sie darauf warten, dass er sich ändert.

Einen neuen Versuch wagen

Zugegeben, den Veränderungsansatz im eigenen Verhalten zu finden, ist oft nicht leicht. Gerade weil die meisten Betroffenen der tiefsten Überzeugung sind, schon »alles Mögliche« versucht zu haben. Diese Aussage stimmt natürlich nur insofern, als sie bis dahin alles »ihnen Mögliche« versucht haben, also das was ihnen bisher eingefallen ist. Es gibt aber immer noch andere Lösungsansätze, die sie noch nicht ausprobiert oder verworfen haben, weil sie nicht an sie geglaubt und daher zu früh aufgegeben haben.

Auch die Frau aus dem obigen Beispiel glaubte, schon alles versucht zu haben. Allerdings hatte sie die Klarheit in ihrer Aussage, mit der sie das Problem schließlich löste, immer aus der Angst heraus vermieden, ihren Mann zu verletzen. Er war aber gar nicht verletzt. Letztlich war er sogar froh, ausgebremst zu werden, weil es ihm selbst nicht gelungen war, auf die Meckerbremse zu treten. Verhalten ist in Paarbeziehungen nicht so festgelegt, wie es oft den Anschein hat. Es ist situations- und reaktionsabhängig.

Schuldfrage? Beteiligt sind stets beide

Der dem Schlüssel-Schloss-Bild zugrunde liegende Gedanke ist der einer grundsätzlichen Beteiligung beider Partner. Der Begriff der *Beteiligung* ersetzt dann andere, weniger sinnvolle Begriffe wie beispielsweise »Schuld«, »Ursache«, »richtig« oder »falsch«.

Wenn Mann und Frau danach suchen, wer von beiden nun an einem Problem schuld ist oder eine bestimmte Situation verursacht hat, landen sie mit Sicherheit in der Sackgasse. Jeder kann mit einem gewissen Recht behaupten: »Ich habe das getan, weil du …« Darauf erhält er die Antwort: »Wenn du nicht … hättest, hätte ich nicht …« Die Frage, wer ein Problem in die Welt gesetzt hat, lässt sich einfach nicht beantworten.

Statt auf Schuld zu setzen und Ursachen finden zu wollen, setze ich im Weiteren lieber auf die Zusammenhänge des partnerschaftlichen Verhaltens und auf den Begriff der Beteiligung.

FAZIT

Die Ausführungen auf den vorangegangenen Seiten sind die Grundlagen für Ihr zukünftiges Verhalten in Ihrer Partnerschaft und können erheblich dazu beitragen, Ihre Beziehungsqualität zu verbessern. Denn Sie wissen jetzt, …

- dass es heutzutage keine typischen Männer mehr gibt, aber durchaus ein typisch männliches Rollenverhalten;
- dass es für Sie in Ihrer Beziehung ab sofort darauf ankommt, nicht »an Ihrem Mann«, sondern immer an seinem jeweiligen Verhalten anzusetzen;
- dass jedes Verhalten Ihres Partners veränderbar ist, weil es sich den Lebensumständen anpasst, – und dass Sie als seine Partnerin der wesentlichste Bestandteil dieser Umstände sind;
- dass es drei unterschiedliche Beziehungs- und Liebesbereiche gibt – den partnerschaftlichen, den emotional-leidenschaftlichen und den freundschaftlichen –, in denen Sie Problemlösungen auf verschiedene Art und Weise angehen müssen.

Im Spiegel des anderen

Kommen wir nun zu den wichtigsten störenden Verhaltensweisen von Männern in Beziehungen. Damit gelangen wir gleichzeitig zu den Antworten, wie Sie diese durch bewusste Verhaltensänderungen Ihrerseits wenden können. Zu jedem der fünfzehn Beziehungsthemen gebe ich auf den nächsten Seiten passende Hinweise, wie Sie sich im Spiegel Ihres Partners neu aufstellen und damit Ihre Beziehung auf neue Gleise legen können.

MÄNNER, DIE NICHT ZUHÖREN ODER NICHTS SEHEN

Ohne ein gehöriges Interesse aneinander würden sich Partner wohl kaum näher kommen und schon gar nicht: sich lieben. Sich zu lieben geht über die rein persönliche Faszination hinaus, es führt zu einem Interesse an der inneren Welt des anderen.

Dieses besondere Interesse macht eine Liebesbeziehung in vielfacher Hinsicht spannend und belebend. An der Sichtweise, den Erlebnissen, den Träumen und überhaupt am Leben des Partners in der für eine Paarbeziehung charakteristischen, intimen Art und Weise teilzuhaben, befreit den Einzelnen aus seiner isolierten, individuellen Welt. Und dass sich der andere für die eigenen Gedanken, Gefühle, Vergangenheit und Sehnsüchte interessiert, vermittelt diesem den in der Liebe unverzichtbaren Eindruck, wahrgenommen und gesehen und darüber hinaus geschätzt und vorbehaltlos angenommen zu werden.

Wie entsteht der Eindruck? Er entsteht in einem wechselseitigen Prozess, in dem sich die Partner einander zeigen und einander bestätigen. Es geht um Offenbarung und Zuwendung. Einer äußert oder zeigt etwas, der andere nimmt es wahr und reagiert wohlwollend darauf. Solange Mann und Frau auf diese Weise miteinander kommunizieren, bewahren sie den Eindruck, nicht nur teilweise, sondern »ganz« geliebt zu sein. Ganz meint: mit allem Drum und Dran, mit den schönen Seiten und den Macken.

Wenn der Bezug verloren geht

Wenn nun eine Frau dauerhaft das Gefühl hat, ihr Mann höre ihr nicht zu oder würde sie nicht wahrnehmen, so wird sich die Kommunikation der beiden schon eine Weile auf eingefahrenen Gleisen abspielen. Sie hat ein wichtiges Anliegen, etwas, das ihr am Herzen oder auf der Seele liegt, aber kommt bei ihm damit nicht an. Also unterstellt sie ihrem Partner Desinteresse und der wiederum weiß nicht, wovon sie spricht. Das alles weist darauf hin, dass ein hinreichender Bezug beider Partner zueinander fehlt. Es fehlt an Offenbarung auf der einen und an Zuwendung auf der anderen Seite.

Ein offenkundiges Desinteresse an ihrer Person, und sei es auch nur vermutet, führt zu einer Verunsicherung bezüglich der emotionalen Bedeutung der Frau für ihren Mann. Wer aber nicht weiß, was er seinem Partner wert ist, für den büßt auch die gesamte Beziehung etwas von ihrer Bedeutung ein. Zumindest dann, wenn dieser unbefriedigende Eindruck über lange Zeit anhält oder sich auf Dauer auch noch verfestigt. Was eine Frau von ihren Äußerungen als nicht gehört empfindet oder was sie als nicht gesehen wähnt, das kommt in der Beziehung nicht angemessen unter. Ansonsten würde der Eindruck, von ihrem Mann übersehen und überhört zu werden, erst gar nicht entstehen.

Was steht beim Mann dahinter?

Wie kann ein Mann den Eindruck erwecken, sich nicht für die Innenwelt seiner Partnerin zu interessieren?

Er setzt Prioritäten

Ein verbreitetes Motiv, die Belange der Partnerin aus den Augen zu verlieren, besteht in der Überzeugung des Mannes, mit etwas sehr Wichtigem beschäftigt zu sein und zwar mit etwas, das wichtiger ist als eine bestimmte emotionale Befindlichkeit der Partnerin. Gerade wenn sich ein Mann in der Beziehung sehr sicher fühlt, verliert er die emotionalen Belange seiner Frau leicht aus dem Auge. Womöglich meint er sogar, etwas Wichtiges für »sie beide« – also für die Beziehung – zu tun und räumt dem deshalb – und nicht etwa aus Egoismus – eine Priorität ein. So fehlen ihm die Zeit oder die Kraft oder die Bereitschaft, sich ihrer Gefühlswelt zuzuwenden.

Er wendet sich ab

Männer haben oft den Eindruck, dass ihre Partnerinnen sich in einer Beziehung immer emotional in den Vordergrund schieben. Das liegt nicht unbedingt an den Frauen selbst. Vielmehr entsteht im Gefühlsbereich des Paares ein Ungleichgewicht, weil sich der Mann grundsätzlich emotional zurückhält. Er tut dies aus der Erfahrung, dabei nicht gegen seine Partnerin anzukommen. Sie kann sich besser ausdrücken und ist oft vehementer in ihren Gefühlsäußerungen. Er fühlt sich davon überrollt, zieht sich überfordert zurück und wendet sich in der Folge von ihren inneren Belangen ab.

Er macht zu viel

Selbst wenn ein Mann die Bereitschaft besitzt, sich dem zuzuwenden, was von seiner Partnerin gehört oder gesehen werden will, kann er nicht unbedingt mit dem umgehen, was er schließlich erfährt. Statt einen Raum zur Mitteilung und Reflektion anzubieten, verliert er sich in Vorschläge, was zu tun ist und was sie nun machen könnte. Durch seine Ratschläge ergreift er eine Art Flucht nach vorn, weg von ihren geäußerten Gefühlen. Er sieht dabei nicht, worum es seiner Partnerin geht: sich jemandem mitzuteilen, ihre Sorgen oder Hoffnungen zu äußern und dabei keine Ratschläge sondern schlicht Anteilnahme zu erhalten.

Typische Fehler der Partnerin

Sich mit etwas Wichtigem nicht wahrgenommen zu fühlen, schafft eine Desorientierung, die auf Dauer kaum auszuhalten ist. Was tut eine Frau dagegen, welche Fehler können dabei geschehen?

Sie verliert sich in Andeutungen

Nicht selten haben Frauen in längeren Beziehungen – das ist zumindest meine Erfahrung aus der Paarberatung – Schwierigkeiten, ihrem Partner gegenüber das auszudrücken, was ihnen auf der Seele liegt. Sie sprechen es zwar an, aber oft auf eine vage und unkonkrete Art und Weise. Solche Andeutungen lauten: »Nie hörst du mir zu«, oder: »Du siehst mich nicht«, oder auch: »Du verstehst mich nicht.« Die meisten Männer werden in dem Fall nicht hellhörig sondern hören stattdessen weg.

Sie stellt sich zurück

Wenn ihre Mitteilungsversuche nicht erfolgreich waren, bildet sich mit der Zeit eine Hemmung heraus, ein Thema anzuschneiden, mit dem sie schon öfter nicht bei ihm landen konnte. Sie stellt ihren Wunsch also zurück und hofft, zu einem anderen Zeitpunkt oder einer besseren Gelegenheit einen erneuten Versuch zu starten. Im Inneren brodelt das Thema weiter.

Sie gibt auf

Hält das Gefühl, nicht gesehen oder gehört zu werden dauerhaft an, gewinnt die Frau womöglich die Überzeugung, ihr Partner wollte etwas nicht wahrnehmen oder er könne es nicht. Sie gibt dann ihre weiteren Mitteilungsversuche ihrem Mann gegenüber auf. Aber das Thema wühlt weiter in ihr herum. Da es ihr aber nicht gelingt, sich als die zu zeigen, die sie ist und sich so als von ihm angenommen zu erleben, verliert die Beziehung an Wert.

Schlüssel und Schloss

Hat eine Frau den Eindruck, dass etwas ihr am Herzen Liegendes nicht gehört oder gesehen wird, so liegt das scheinbar an ihrem Gegenüber. Doch so einfach ist das nicht. Wird es nicht gehört, weil es nicht gesagt wird? Wird es nicht gesehen, weil es nicht gezeigt wird? Natürlich ist die Frau davon überzeugt, dass sie schon lange und immer wieder kommuniziert hat, worum es ihr geht.

Richtig kommunizieren

Allerdings reicht es für eine gelungene Kommunikation nicht aus, etwas zu sagen oder zu zeigen. Es kommt darauf an, es so auszudrücken, dass *dieser Mann*, mit dem Sie zusammen sind und der genau so und nicht anders gestrickt ist, Ihr Anliegen versteht.

Eine Kommunikation besteht nicht aus dem einseitigen Akt des Aussprechens. Etwas zu sagen ist kein Gespräch, sondern lediglich eine Mitteilung. Eine Kommunikation wird erst dann daraus, wenn sichergestellt ist, dass diese Botschaft angekommen ist und auch verstanden wurde. Zu diesem Verstehen kommt es in solchen Fällen aber nicht. Was gesagt oder gezeigt und was gehört oder gesehen wurde, ist für beide Partner etwas anderes. Mit anderen Worten: Sie kommen zu keinem gemeinsamen Verständnis der Lage – und halten sich dieses Unverständnis gegenseitig vor.

Was hier allerdings zusammenpasst und sich gegenseitig bedingt, ist eine unvollständige Kommunikation. Je mehr die Partnerin den Eindruck hat, nicht gesehen zu werden, desto eher bricht sie das Gespräch ab. Und je eher sie dieses abbricht, desto unverständlicher werden ihre Mitteilungen für ihren Mann.

Kleine Anleitung zum besseren Umgang

Aus den hier gemachten Aussagen über die Kommunikation zwischen beiden Partnern ergibt sich der vielleicht hilfreichste Anhaltspunkt zum Umgang mit scheinbaren oder tatsächlichen Ignoranten. Kommunikation ist immer ein Vorgang hin- und herlaufender Feedbackschleifen. Für diesen Prozess sind einerseits Aussagen und Fragen, andererseits Korrekturen und Bestätigungen nötig. Dieses stetige Hin und Her läuft so lange, bis eine Kommunikations-Sequenz wirklich abgeschlossen ist. Das ist dann der Fall, wenn sich beim Gegenüber im Gespräch tatsächlich der Eindruck eingestellt hat, dass er versteht, was der andere meint.

Kommunizieren Sie sorgfältig

Sollten Sie sich von Ihrem Partner nicht gesehen und/oder gehört fühlen und dies ihm gegenüber ansprechen, dann haben Sie die Kommunikations-Sequenz über das betreffende Thema erst einmal eingeleitet. Mehr ist aber nicht geschehen. Sie sollten das Gespräch also fortführen, ähnlich wie im folgenden Beispiel:

Sie: (Aussage) »Deine verbalen Ausfälle machen mir mehr aus, als du denkst.«
Er: »Weiß ich ja, tut mir leid.«
Sie: (Frage) »Was weißt du?«
Er: »Dass es nicht okay ist, dich so anzuschnauzen.«
Sie: (Korrektur) »Das ist nicht, was ich meine.«
Er: »Ich werde es nicht mehr tun.«

Wenn Sie sich an diesem Punkt mit der Kommunikation abfinden, so werden Sie Ihr Anliegen nicht gehört fühlen. Der Mann weicht hier aus, und Sie selbst haben nur vage Andeutungen dessen gemacht, was Sie gehört haben wollen. Die Kommunikationssequenz sollte deshalb weitergehen.

Sie: (Aussage) »Ich habe nicht den Eindruck, dass du hörst, was ich dir sagen will.«
Er: »Doch, ich höre, dass es dir etwas ausmacht.«
Sie: (Frage) »Weißt du denn, was es mir ausmacht?«
Er: »Ich kann es mir denken. Es tut dir weh.«
Sie: (Korrektur) »Das tut es natürlich, aber es macht mir noch viel mehr aus.«
Er: »Was denn?«
Sie: (Aussage) »Ich denke daran, mich von dir zu trennen.«
Er: »Das meinst du doch nicht ernst.«
Sie: (Frage) »Hast du das verstanden? Ich erwäge diesen Gedanken ernstlich.«
Er: »Wirklich? Das wusste ich nicht.«

Erst jetzt ist ein Punkt erreicht, wo Sie sich gehört fühlen können, weil Sie nicht nur Andeutungen gemacht, sondern auch konkret ausgedrückt haben, was Sie bewegt und weil Sie dafür gesorgt haben, dass dies von Ihrem Partner verstanden wurde.

Drücken Sie sich klar aus

Um eine sorgfältige Kommunikation zu führen, sollten Sie sich darüber klar sein, was genau dasjenige ist, das Ihr Partner hören soll. Dabei kann die Reflektion folgender Fragen hilfreich sein:

- Was fällt mir schwer, ihm gegenüber auszusprechen?
- Was verbiete ich mir vielleicht sogar zu sagen?
- Wie soll er hören, was ich nicht deutlich sage?
- Was meine ich mit dem, was ich sage? Oder anders herum: Sage ich das, was ich meine?

Zeigen Sie deutlich, worum es geht

Das Gleiche gilt für dasjenige, was Ihr Partner sehen soll. Damit er es sieht, müssen Sie es zeigen, und das oft deutlich und so, dass er es versteht. Dabei kann die Reflektion folgender Fragen hilfreich sein:

- Was genau kann ich meinem Partner nicht zeigen?
- Welche meiner Gefühle, Empfindungen oder Absichten verberge ich vor ihm?

Wenn Sie sich klar über das sind, was Sie gehört und gesehen haben wollen, können Sie die sorgfältige Kommunikation einleiten. Normalerweise sagt eine Frau, die hierzu aufgefordert wird: »Ich habe doch schon alles Mögliche gesagt / gezeigt / versucht, es hat nichts genutzt!« Das stimmt, aber nur insofern, als Sie alles versucht haben, das Ihnen bisher eingefallen ist. Es ist mehr möglich, wenn die Ergebnisse der Reflektion in die Kommunikation einfließen.

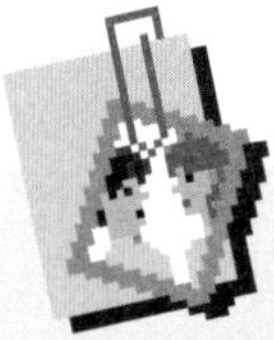

Ein Beispiel aus dem Beziehungsalltag

Beim Thema Sehen und Hören geht es für die Frau darum sicherzustellen, dass sie sich wahrgenommen fühlt.

Eine Frau machte sich Sorgen um ihren Beruf. Ihr Mann gab sich alle Mühe, diese zu zerstreuen. Er versicherte ihr, dass er genug verdienen würde, dass sie auf den Job nicht angewiesen sei, dass sie sich auf ihn verlassen könnte und so weiter. Das Gefühl, gehört zu werden, stellte sich trotz seiner angetragenen Fürsorge nicht ein. Bisher hatte sie das stets nur mit der Aussage »Du verstehst mich nicht« beantwortet und seine Angebote um so vehementer und gröber abgelehnt, je öfter er sie machte.
In einem Streit rutschte dem Partner dann ein Satz heraus, der ihr zu denken gab: »Keine Ahnung, was ich verstehen soll, dir kann ich es eh nicht recht machen.« In diesem Moment erkannte sie, dass er tatsächlich überhaupt keine Vorstellung davon hatte, was er verstehen sollte. Als sie darüber nachdachte, bemerkte sie, dass es ihr selbst nicht leichtfiel, das zu formulieren. Schließlich fand sie die Worte, mit denen sie ihm klarmachen konnte, was sie gehört haben wollte. »Du sollst sehen, wie wichtig mir mein Beruf ist. Ich will diesen Job, und ich brauche jemanden, der mir bei meinen Sorgen und Gedanken einfach zuhört. Ich will keine Ratschläge, ich will keine Tröstungen. Hör mir einfach zu. Versteh einfach, dass es schwer für mich ist, das würde mir schon reichen.« Der Partner verstand und fühlte sich zugleich von seinem selbstauferlegten Auftrag befreit, ihr helfen zu müssen.

FAZIT

1. Beziehung findet im Spannungsfeld zwischen Individualität und Bezug statt. Sobald ein Partner seinen emotionalen Zustand ändert, sobald ihn etwas Anderes oder etwas Neues bewegt, wirkt sich die Mitteilung dessen auf die Beziehung aus.

2. Weil aber kein Partner weiß, wie es sich auswirkt, etwas zu zeigen oder etwas zu sehen, besteht oft eine gewisse Hemmung bezüglich des Zeigens oder Sagens auf der einen und des Sehens beziehungsweise Hörens auf der anderen Seite.

3. Hier hilft eine genauere und konkretere Kommunikation. Diese sorgfältige Kommunikation ist bedeutsam, und es ist wichtig, dass die Frau, die gehört und gesehen werden will, diese selbst einleitet. Ansonsten wird sie sich irgendwann fragen, was sie in einer Beziehung soll, in der sie mit dem, was ihr am Herzen liegt, nicht unterkommt.

MÄNNER, DIE **BESCHWICHTIGEN**

Ein beschwichtigendes und verharmlosendes Verhalten zeigt sich darin, dass man etwas tut und es dann so hinstellt, als wäre es gar nicht mit Absicht geschehen. Oder man spielt die Bedeutung des eigenen Verhaltens für sein Gegenüber – hier also die Partnerin – herunter. Ein Beschwichtiger signalisiert Ihnen immer: »Reg dich nicht auf, ärgere dich nicht, es war nicht so gemeint.« Dieses Verhalten soll es ihm ermöglichen, so zu sein, wie er ist, ohne sich dazu bekennen zu müssen.

Wozu das nötig ist, erklärt sich aus dem Thema dahinter: die individuelle Unterschiedlichkeit jedes Menschen. Sie – Ihr Partner und Sie selbst – sind beide verschieden, daran lässt sich nicht rütteln, auch wenn diese Unterschiedlichkeit zu Beginn Ihrer

Beziehung eine untergeordnete Rolle gespielt hat. In der ersten Zeit konzentrieren sich beide Partner noch auf Gemeinsamkeiten, um den Aufbau der Beziehung überhaupt zu ermöglichen. Zudem sind beide anfangs noch kein Paar. Das heißt, Mann und Frau verbringen genügend Zeit getrennt voneinander, in der sie ihren eigenen Interessen und Gewohnheiten folgen, ohne dadurch größere Konflikte zu riskieren.

Wenn Freiräume schwinden

Dann kommen sich beide allmählich näher. Sie entwickeln Routinen, treffen Vereinbarungen, gehen Abmachungen ein – kurzum: Sie schaffen gegenseitige Verbindlichkeiten. Zwar klappen die Vereinbarungen nicht immer reibungslos – das ist ganz normal –, doch solange sich jeder der beiden im großen Ganzen an seinen Teil der Abmachungen hält, lässt sich über kleine Unstimmigkeiten noch großzügig hinwegsehen.

Es kommt der Zeitpunkt, da sich die Partner zum Paar erklären. Das löst ihre Unterschiedlichkeit nun keineswegs auf: Jeder bleibt seine eigene unveränderbare Persönlichkeit. Doch je näher Mann und Frau jetzt zusammenrücken, desto enger werden naturgemäß die individuellen Spielräume, die beide sich selbst, dem anderen oder auch gegenseitig zugestehen. Spätestens wenn sie zusammenwohnen, wird das Thema Unterschiedlichkeit immer dringlicher. Zum einen fallen die individuellen Unterschiede in der jetzt vorhandenen ständigen räumlichen Nähe mehr auf. Zum anderen wird es für jeden von beiden schwierig, sich selbst oder dem anderen den zunehmend benötigten Freiraum zuzugestehen. Je enger die Spielräume werden, desto größer wird die Versuchung, sich Freiräume zu verschaffen. Was Männer betrifft, heißt das oft: sich diese zu schaffen, ohne dabei Schwierigkeiten zu riskieren.

Zuverlässige Unzuverlässigkeit

Was also muss passiert sein, …

- wenn Sie feststellen, dass Ihr Partner nicht so geradeheraus ist, wie Sie geglaubt haben?
- wenn Ihnen auffällt, dass Sagen und Tun bei ihm mitunter zwei Paar Schuhe sind?
- wenn Sie sich darüber ärgern, dass er sich nicht auf bestimmte Vereinbarungen festlegen lässt?
- wenn er darüber hinaus die Verantwortung für seine Unzuverlässigkeit ablehnt?
- wenn er sein Tun oder Lassen immer verharmlost?
- oder wenn er im Gegenteil alle Schuld auf sich nimmt, um Sie zu besänftigen, Besserung verspricht, sich dann aber wieder genau so wie vorher verhält?

In all diesen Fällen hat sich Ihr Partner in mancherlei Hinsicht als Beschwichtiger erwiesen. Er wäscht seine Hände in Unschuld. Dass er eine getroffene Vereinbarung nicht einhält, dafür gibt es stets gute Gründe, *er* kann jedenfalls nichts dafür. Mal war im Baumarkt etwas nicht lieferbar. Gleich morgen wird er das erledigen. Leider hat er auf dem Heimweg vergessen, Brot zu besorgen. Er wollte anrufen, um anzukündigen, dass er später kommt, aber der Handy-Akku war leer. Er versteht auch, dass Sie sich oft allein gelassen fühlen, leider hat er gerade so viel zu tun in der Firma. Er würde gern mehr auf die Kinder aufpassen, nur gerade jetzt hat ihn der Chef im Visier und er muss sich im Job ins Zeug legen. Er sagt Sätze wie: »Tut mir leid, Schatz, es kommt nicht mehr vor«. Oder: »Bitte reg dich nicht auf, das ist doch nicht so schlimm«. Sie sind in diesem Fall mit einer zuverlässigen Unzuverlässigkeit konfrontiert. Sie erleben einen Mann, der immer wieder beteuert, dass es beim nächsten Mal ganz bestimmt klappt. Einen Mann, der Ihnen scheinbar zugewandt ist und Verständnis und Entgegenkommen signalisiert. Und dem dann doch wieder etwas dazwischenkommt. Sie würden sich gern auf seine Worte, Bekundungen, Versprechen verlassen, werden aber in schöner Regelmäßigkeit frustriert. Sie fühlen sich überhaupt nicht ernst genommen.

Seine Beschwichtigungen erscheinen Ihnen wie ein Beruhigungsmittel, das Sie im Lauf der Zeit immer weniger zu schlucken bereit sind und das Sie eher aufregt, statt zu beruhigen.

Was steht beim Mann dahinter?

Unterschiede zwischen den Partnern mögen normal sein und sind nicht zu leugnen. Ganz etwas anderes ist allerdings, ob man seine Unterschiedlichkeit gegenüber dem anderen zugeben und diese in Auseinandersetzungen auch vertreten kann.

Dazu sind zwei Schritte erforderlich:

- Man muss sich sein Anderssein eingestehen.
- Anschließend geht es darum, dem Partner klarzumachen, dass man in dieser oder jener ganz bestimmten Hinsicht anders tickt, anders denkt, anders fühlt, anders handelt und andere Präferenzen verfolgt.

Er fühlt sich fremd- und selbstverpflichtet

Der beschwichtigende Mann hat den ersten oder den zweiten oder beide Schritte nicht vollzogen. Er fühlt sich fremdverpflichtet, von seiner Frau eingeengt und festgelegt; oder er ist einer Selbstverpflichtung erlegen, die ihn zur Anpassung drängt. Jedenfalls steht er unter Druck, es ihr recht machen zu wollen oder zu müssen. Aufgrund dieses Drucks kann der Mann nicht nachvollziehen, warum seine Frau sich so aufregt. Er bemüht sich, aber niemand ist perfekt. Er macht Zugeständnisse und trotzdem ist sie nicht zufrieden. Er weiß auch überhaupt nicht, worüber sie sich so aufregt.

Er vermeidet Konflikte

Ein Beschwichtiger will nirgendwo anecken und schon gar nicht streiten. Er scheut die Konfrontation, weil sie – so glaubt er – die Beziehung in Gefahr bringen könnte.

Tief innen fürchtet er, nicht mehr geliebt und verlassen zu werden und fühlt sich in nicht unbeträchtlicher Weise abhängig. Die Beziehung ist ihm wichtig, vielleicht ist sie ihm das Wichtigste überhaupt. Jeder Streit, jede Auseinandersetzung gefährdet in seinen Augen die Beziehung. Das will er auf keinen Fall riskieren. Sein Anpassungsdruck verhindert, dass er sich in bestimmten Punkten klar als unterschiedlich zu erkennen gibt, dass er offen sein Ding macht. Er vermeidet es, einen klaren Standpunkt zu beziehen, weil er sich nicht festnageln lassen möchte.

Er behauptet sich indirekt selbst

Nun kann niemand – auch beim besten Willen nicht – auf seine eigenen Interessen, Meinungen und Beweggründe verzichten. Diese finden auch gegen bewusste Absichten ein Hintertürchen, um sich durchzusetzen. Dem Ich des Beschwichtigers »passieren« sie ungewollt und unbeabsichtigt, aber dennoch in seinem Sinne. Dieser windige Ausweg aus der Selbstverpflichtungsfalle ermöglicht ihm, in die Rolle eines Unschuldslammes zu schlüpfen und dennoch sein Ding zu machen, eben auf indirekte Art.

Der Vorteil für den Beschwichtiger liegt auf der Hand: Er muss keine Farbe bekennen und kann nur schwer zur Rechenschaft gezogen werden. Er wähnt sich auf der sicheren Seite und vermeidet, Angst haben zu müssen. Und er bekommt nicht mit, dass er seine Partnerin in erster Linie nicht durch seine Andersartigkeit, sondern seine indirekte Art gegen sich aufbringt.

Typische Fehler der Partnerin

Beschwichtigende Männer sind ohne Weiteres in der Lage, ihre Partnerin zu verärgern oder sogar außer sich vor Empörung zu bringen. Die Frau will sich nicht länger täuschen lassen und den Mann zur Verantwortung ziehen. Dabei macht sie oft Fehler.

Sie belehrt ihn

Wenn die hier geschilderten Abläufe noch im Anfang begriffen sind, glaubt eine Frau oft, ihr Partner hätte nicht begriffen, was ihr wichtig ist. Folglich versucht sie, ihm das zu erklären: »Schau mal …« Sie gibt sich Mühe, die Bedeutung einer Angelegenheit zu betonen oder versucht, ihn zu Mitgefühl zu bewegen: »Verstehst du denn nicht …« Oder sie gibt ihrer Enttäuschung Ausdruck: »Ich hatte gehofft, du …« Er hört zu, er versteht, er beteuert. Doch schon bald muss er leider wieder gestehen, dass etwas dazwischen gekommen ist und etwas nicht hingehauen hat. Die Empfindungen der Frau wandeln sich von Enttäuschung zu Ärger.

Sie fordert ein

Der häufige Ärger der Frau beruht auf ihrer Schlussfolgerung, sie sei ihm gleichgültig. Empört über diese vermeintliche Wahrheit bittet sie nicht mehr, sondern fordert jetzt ihr »Recht« ein. Sie erläutert ihm seine Pflichten und beharrt darauf, dass er sein Wort hält. Der beschwichtigende Mann wird – wie immer – zustimmen. Ob das Gewünschte auch passiert, steht auf einem anderen Blatt.

Sie klagt ihn an

Wenn sich im Laufe der Ereignisse allmählich die Annahme der Frau verfestigt, ihre Wünsche und Forderungen wären ihm egal oder gar, er würde diese absichtlich boykottieren, geht sie zu offenen Anklagen über. Sie überschüttet ihren Mann mit typischen Vorwürfen: »Du hast schon wieder nicht …« oder »Du hast nicht noch immer nicht …« Der Ton wird aggressiver. Das bringt ihn in die Bredouille. Er strengt sich noch mehr an, sich zu verteidigen, seine Versäumnisse herunterzuspielen und sie zu beruhigen.

Sie zwingt ihn

Wenn auch Anklagen nichts fruchten, kommt sie irgendwann zu der Überzeugung, sie müsse den Mann zur Verlässlichkeit zwingen. Also fährt die Frau schweres Geschütz auf, stößt Drohungen aus oder macht Szenen. Der Druck, den sie dabei ausübt, wird nun – neben dem inneren Selbstverpflichtungsdruck – zu einer zusätzlichen Bedrohung für ihn. Er setzt zu einer vagen Gegenwehr an. Da er aber nur defensiv kämpft, besteht seine Antwort auf den zunehmenden Druck darin, seine Partnerin ins Leere laufen zu lassen. So versucht er sie beispielsweise mit dem Argument »Ich würde ja gern, aber wenn du so mit mir umgehst, kann ich nicht« außer Gefecht zu setzen. Es sieht so aus, als würde man den Dalai Lama mit einem Maschinengewehr bedrohen. Die Frau steht als die Böse da, der Mann behält sein Unschuldsgesicht.

Schlüssel und Schloss

Die Verhaltensweisen des Mannes und der Frau hängen immer eng miteinander zusammen. Bei der Partnerin eines beschwichtigenden Mannes handelt es sich dabei meistens um eine Frau, die recht genau weiß, was sie im Leben will. Sie ist sehr gut in der Lage dazu, ihren Willen auszudrücken und für diesen einzustehen. Dem Mann mag die eigene Partnerin dabei als Bestimmerin erscheinen, gegen die er nicht ankommt oder gar als Befehlshaberin. Jedenfalls wird sie ihm gegenüber eine offensive Haltung einnehmen. Die Frau, die einem Beschwichtiger gegenübersteht, wird in Hinsicht auf die Konfliktpunkte in ihrer Beziehung eine Kämpferin sein. Sie kämpft darum, dass Abmachungen eingehalten werden oder sogar darum, ihren Willen gegen ihren Mann durchzusetzen. Die Verhaltensweisen beider Partner – auf der einen Seite *offensiv* kämpfen, auf der anderen Seite *defensiv* kämpfen – bedingen sich gegenseitig. Die Schaukel »Je mehr der eine dies, desto mehr der andere das« funktioniert auf diesem Krisenschauplatz bestens.

Was dahintersteht

Die Frage nach Schlüssel und Schloss lässt sich auch folgendermaßen beantworten: Was müssten Sie tun, um Ihren Partner zu weiteren Beschwichtigungen zu animieren? Sie müssten noch dominanter erscheinen, gut argumentieren, ihn ungefragt in Ihre Pläne einbeziehen, mit emotionalem Druck vorgehen etc.

Doch auch wenn Sie offensiv kämpfen – zum Beispiel um Verlässlichkeit – und stark wirken, so fühlen Sie sich ähnlich abhängig von Ihrem Mann wie er sich von Ihnen. Deshalb sind Sie nach Abflauen eines Streits auch bereit, ihm erneut zu vertrauen.

Kleine Anleitung zum besseren Umgang

Den Worten eines beschwichtigenden Mannes zu vertrauen bedeutet, ihm auf den Leim zu gehen. Die wichtigste Anleitung zum Umgang mit einem solchen allzeit abwiegelnden Verhalten lautet daher: Betrachten Sie weniger die Worte, sondern vielmehr die Taten Ihres Partners als Ausdruck seines Willens.

Orientieren Sie sich an seinen Taten

Wenn Sie das Verhalten Ihres Mannes immer als Willensäußerung ansehen, macht vieles von dem, was er tut, für ihn selbst durchaus Sinn. Wenn er beispielsweise zum x-ten Mal vergessen hat, Theaterkarten zu besorgen, dann hat er das nicht getan, weil er so zerstreut ist, sondern weil ihm einfach nicht besonders viel daran liegt. Wenn er im Haushalt nicht vernünftig sauber macht wie besprochen, sondern stattdessen lustlos Schmutz verteilt, dann nicht, weil er zwei linke Hände hat, sondern weil er Hausarbeit verabscheut und lieber eine Zugehfrau einstellen würde. Wenn der wahre Grund für seine häufigen Geschäftsreisen darin liegt, dass er viel und gerne unterwegs ist, und nicht daran, dass der Chef ihn ständig losschickt. Wenn er wieder mal eine Familienfeier verpasst, dann weil er sich in dieser Gesellschaft nicht wohlfühlt.

Angenommen, Sie würden davon ausgehen, dass Ihr Mann – ganz unabhängig von seinen Beteuerungen – einfach immer nur ziemlich genau das tut, was er will. Wie würden Sie sich auf der Grundlage dieser Erkenntnis dann verhalten? Wenn Sie annehmen würden, dass seine *Taten* für ihn sprechen – »Das, was ich tue, ist was ich will« – wie würden Sie mit diesen Willensäußerungen denn anschließend umgehen?

Zur Überraschung Ihres beschwichtigenden Partners würden Sie vieles davon akzeptieren und sagen: »Gut, wenn du das willst, dann finden wir einen Weg, damit umzugehen.« Oder sogar: »Warum sagst du das nicht gleich, das ist kein Problem.«Woher diese Akzeptanz kommt? Ihr Kampf um Klarheit und Verlässlichkeit in Ihrer Beziehung hat seine Ursache darin, den Zwiespalt zwischen Worten und Taten aufheben zu wollen, dem Sie sich ausgesetzt fühlen. Sobald Sie aber die benötigte Klarheit aus den Handlungen Ihres Mannes ablesen, wissen Sie, woran Sie wirklich sind.

Ein Beispiel aus dem Beziehungsalltag

Beschwichtigendes Verhalten kann in allen drei Paarbereichen auftauchen, um Unterschiede zu kaschieren. Im partnerschaftlichen Bereich kann es sich um Erziehungsfragen handeln, im freundschaftlichen um Hobbys, die der andere lustlos teilt, im emotional-leidenschaftlichen Bereich mag er etwas nicht »können«, statt zu sagen, was er will. Das folgende Beispiel stammt aus dem partnerschaftlichen Bereich.

Das Paar hatte eine größere Geldsumme gespart, die Altersversorgung wies jedoch Lücken auf. Die Frau wollte dazu eine Eigentumswohnung kaufen, er hingegen Aktien erwerben. Grundsätzlich war er einverstanden mit ihren Plänen, wollte aber »erst mal die Kreditoptionen checken.« Das dauerte seine Zeit. Als der Punkt geklärt war, gefiel ihm die eine Wohnung nicht von der Aufteilung her, die andere hatte nicht die richtige Lage, die nächste war zu groß … So ging es zwei Jahre lang, während denen er ihr beteuerte, ihm läge genau so viel am Wohnungskauf wie ihr. Die Frau hatte davon irgendwann die Nase voll und setzte ihm eine Frist. Wenn nicht innerhalb des nächsten halben Jahres ein für beide passendes Domizil gefunden wäre, wollte sie das Vermögen teilen und sich von ihrem Anteil eine Wohnung auf ihren Namen kaufen. Er könne mit seinem Anteil machen, was er wollte. Nach vier Monaten war eine Wohnung gekauft. Doch selbst wenn dies nicht geklappt hätte, wäre für die Frau die Lösung des Teilens voll und ganz in Ordnung gewesen.

Wenn Sie sich an seinen Taten orientieren, wird Ihnen darüber hinaus noch etwas anderes klar. Nämlich, dass Sie trotz ihrer offensiven Art keinesfalls stärker als er sind. Denn seine Stärke besteht darin, Sie an bestimmten Punkten auflaufen zu lassen; am Ende können Sie ihn trotz aller Anstrengung doch zu nichts zwingen. Wenn Sie dagegen auf seine Taten statt auf seine Worte reagieren, könnten Sie Aussagen treffen wie: »Ich sehe, dass du zum dritten Mal die Karten für das Theater nicht besorgt hast und schließe daraus, dass du kein Interesse daran hast. Ich respektiere das. Ich frage dich nicht mehr, sondern gehe mit jemand anderem ins Theater.«

Handeln Sie anders

In dem Moment, in dem Sie auf das Handeln Ihres Mannes reagieren, verlassen Sie die Sprachebene und verhalten sich anders als gewohnt, nämlich weitaus unabhängiger von ihm als bisher. Sie können Ihr Verhalten, das für ihn verwirrend und ungewohnt sein wird, durchaus erklären: »Ich habe den Eindruck, mit einem in dieser … und jener … Hinsicht unzuverlässigen Mann zusammen zu sein, von dem ich nicht weiß, was er diesbezüglich will und was er nicht will. Ich halte mich daher zukünftig an deine Taten und nicht mehr an deine Worte und Beteuerungen. Dafür hast du doch sicher Verständnis.« Eine auf diese Weise relativ ruhig und entspannt dargestellte Position und das entsprechende Verhalten können dazu beitragen, das Hintergrundthema – um was es eigentlich geht – in den Gesprächsfokus zu rücken.

Die Themen:

- Wo wir unterschiedlich sind
- Was du willst und was ich will
- Wie wir damit umgehen wollen

gehören auf den Tisch. Wichtig ist allerdings, das Thema der Unterschiedlichkeit beider Partner an konkreten Punkten zu behandeln, wie etwa: Urlaub, Freizeit, Partys oder Haushalt.

FAZIT

1. Beschwichtigendes Verhalten ist immer von Befürchtungen und Ängsten des Mannes bestimmt. Es soll die Partnerin dort besänftigen, wo Unterschiede bestehen, die Offenlegung eigener Interessen und die befürchtete Konfrontation mit der Partnerin jedoch gescheut wird.

2. Oft genug beruhigt beschwichtigendes Verhalten die Frau jedoch nicht, sondern bringt sie auf die Palme.

3. Die Lösung liegt oftmals darin, Unterschiede gelten zu lassen, nicht in jedem Punkt auf Gemeinsamkeit zu bestehen und von einer unabhängigeren Basis aus nach einem Umgang mit dem jeweiligen Thema zu suchen.

MÄNNER, DIE **BESTIMMEN WOLLEN**

Wenn es ums »Bestimmen« geht, steht das Thema Macht dahinter. Diese gehört zu jeder Beziehung. Dort ist sie meist ungleich über die verschiedenen Bereiche verteilt. Jeder Partner verfügt sozusagen über ein anderes »Hoheitsgebiet«, in dem er Boss sein kann. Beispielsweise wählt *er* den Urlaubsort aus, während *sie* über die Wohnungseinrichtung bestimmt. Oder *sie* kümmert sich um die Finanzen, während *er* die handwerklichen Arbeiten im Haus erledigt. Die konkrete Machtverteilung ist Ergebnis von teils *ausgesprochenen* Vereinbarungen, die zum tatsächlichen oder vermeintlichen Vorteil beider Partner getroffen werden. Einen großen Anteil an der Verteilung haben aber auch *unausgesprochene* Vereinbarungen, die sich im Lauf der Beziehung eingespielt haben.

Die konkrete Machtverteilung innerhalb einer Beziehung als Ergebnis von offenen oder stillschweigenden Vereinbarungen zu sehen hat einen großen Vorteil. Diese Sichtweise macht deutlich, dass keiner der Partner Macht »hat«. Macht ist keine persönliche Eigenschaft, wie etwa Geschicklichkeit oder Gründlichkeit. Macht ist ein Beziehungsphänomen. Wenn einer über eine bestimmte Macht verfügt, beispielsweise über die Finanzen, dann wurde ihm diese Macht vom anderen gegeben oder zugestanden. Macht »hat« man nicht, man bekommt sie verliehen. Natürlich kann ein Partner auch Macht ergreifen, aber das funktioniert nur dann, wenn sie sozusagen »herumliegt« und der andere keinen Einspruch gegen deren Aneignung erhebt.

Wenn Dominanzgefühle entstehen

Die in einer Beziehung entstandene Herrschaftsverteilung stellt kein Problem dar, solange beide Partner das Gefühl behalten, gleichwertig zu sein und wenn sie sich beide bei den getroffenen Entscheidungen ausreichend berücksichtigt fühlen. Wenn Sie allerdings anfangen, sich dominiert zu fühlen, dann deckt sich die konkrete Machtverteilung nicht länger mit Ihren Bedürfnissen. In Ihnen regt sich dann ein Widerstand dagegen, Ihren Partner in einem bestimmten Bereich bestimmen zu lassen und sich immer wieder ausschließlich seinen Wünschen, Bedürfnissen, Vorstellungen und Entscheidungen weiter anzupassen.

Vielleicht will er immer noch den Urlaubsort bestimmen, obwohl Sie längst keine Lust mehr auf Fernreisen haben und Ihnen der Sinn inzwischen nach Ruhe und Entspannung in heimischen Gefilden steht. Etwas hat sich verändert, aber diese Veränderung ist im Machtgefüge noch nicht berücksichtigt. Das Problem besteht nun darin, die alten, immer noch bestehenden Vereinbarungen zu kündigen und neue Abmachungen zu treffen. Eine solche einseitige »Vertragsänderung« birgt naturgemäß bestimmte Risiken. Der Partner wird seine Hoheitsrechte wahrscheinlich nicht freiwillig aufgeben. Es werden vermutlich Konflikte ausbrechen, die Harmonie wird gestört werden, es können Machtkämpfe ausbrechen, Liebesgefühle können beeinträchtigt werden, Ängste werden aktiviert. Solche Schwierigkeiten nimmt niemand gern in Kauf und das Thema wird daher meist zögerlich in Angriff genommen oder lange vermieden. So entsteht cin innerer Konflikt.

Zwischen Auflehnung und Anpassung

Eine Frau, die sich dominiert fühlt, sitzt gewissermaßen zwischen zwei Stühlen – zwischen Auflehnung und Anpassung. Jede dieser Haltungen beruft sich auf wichtige Motive. Hinter der Auflehnung steht der Wunsch, sie selbst zu sein und hinter der Anpassung der, vom Partner geliebt zu werden. Dieser innere Konflikt wird allerdings nicht in jedem Fall oder nicht sofort als *eigener* Konflikt wahrgenommen. Zuerst taucht das unangenehme Gefühl auf, vom Partner dominiert zu sein. Die Frau bemerkt in erster Linie, dass sein Verhalten sie zunehmend stört. Der Partner verhält sich dabei meist so, wie er sich schon lange Zeit verhält: Er folgt weiter den ausgesprochenen oder unausgesprochenen Verabredungen. Doch selbst wenn er gar nichts anderes macht als bisher, so stört sein Verhalten, denn seitdem sich ihre Interessen und Bedürfnisse verändert haben, wirkt sein Verhalten »bestimmend«.

Die Kritik setzt daher oft am Partner an, der innere Konflikt wird am Mann abgearbeitet. *Er* soll sein Verhalten ändern. Da er das nicht von selbst tut, wird ihm sein Verhalten vorgehalten, beispielsweise mit dem Vorwurf: »Du willst über mich bestimmen« oder »Du willst immer sagen, wo es langgeht.«

Was steht beim Mann dahinter?

Ein Partner wirkt nicht zufällig dominant. Man kann davon ausgehen, dass er »sein Ding« macht. Eine Veränderung im Beziehungsgefüge kann er nicht unbedingt nachvollziehen. Was bisher richtig und gewollt war, ist nicht mehr erwünscht. Er wird allerdings nicht allein für sein Verhalten kritisiert, sondern meist als Person »rundum« angegriffen. Auch dagegen wehrt er sich. Seine Motive im nun ausbrechenden Machtkampf sind unterschiedlich.

Er will seine Macht erhalten

Der Mann möchte unbedingt weiterhin der Boss im entsprechenden Hoheitsgebiet sein, weil genau das seinen Interessen und Bedürfnissen entspricht. Er kann dann in seinem Sinn entscheiden und erwartet von seiner Frau Anpassung. In diesem Fall kämpft er um den reinen Machterhalt.

Er ist unsicher

Er versteht schlicht nicht, worum es geht und ist verunsichert. Daher blockt der Partner und beharrt stur auf seinem Status quo. In dieser Situation kämpft er gegen die eigene Verunsicherung.

Er blockiert

Hier fühlt sich der Mann zu Unrecht angegriffen und schlägt zurück, indem er in der Auseinandersetzung ebenfalls persönlich wird. In dem Fall kämpft er um Anerkennung.

Er lehnt sich auf

Der Mann fühlt sich durch die Kritik seiner Partnerin abgelehnt und abgewertet. Hier kämpft er um persönliche Bestätigung. Was sein jeweiliges Motiv im Machtkampf ist, muss ihm dabei selbst gar nicht klar sein. Deshalb kann er seiner Partnerin gegenüber auch nur bedingt Auskunft darüber geben. Ihr hingegen sind seine Motive meist noch weniger klar. Aus ihrem persönlichen Erleben heraus jedoch unterstellt sie ihm jedenfalls ein ganz bestimmtes Motiv, das sich deutlich in dem Vorwurf »Du willst über mich bestimmen!« äußert. Diese Überzeugung motiviert sie, im Machtkampf massiv gegen ihn anzugehen.

Typische Fehler der Partnerin

Beim Versuch die Machtverhältnisse zu verändern und das Dominanzproblem zu lösen, machen Frauen oft typische Fehler. Schauen wir uns solche an.

Sie beschwichtigt

Die Frau hat – bildlich gesprochen – kurz auf dem Stuhl der Auflehnung Platz genommen und den Partner kritisiert, angegriffen, beschuldigt oder gar beleidigt. Er reagiert darauf mit Rückzug oder Aggression und die Harmonie ist völlig hin. Aus Angst, nicht mehr geliebt zu werden, eilt die Frau zurück auf den Stuhl der Anpassung und sagt Dinge wie: »Es tut mir leid«, oder: »Ich habe es nicht so gemeint.« Innerlich aber wird sie wütend und geht irgendwann zur nächsten Stufe des Machtkampfes über.

Sie mauert

Wenn die Abneigung gegen seine Dominanz mit der Zeit größer und größer wird, fängt die Frau irgendwann gegen ihren Partner zu mauern an. Sie macht also dicht und lässt ihn in schöner Regelmäßigkeit auflaufen. Direkt und klar äußert sie sich ihm gegenüber aber nicht, nach außen verharmlost sie ihre Motive. Distanz zwischen den Partnern entsteht, worunter die Frau selbst leidet.

Sie greift an

Schließlich ist die Frau so genervt, dass sie zum Gegenschlag ausholt und es dem Partner mit gleicher Münze heimzahlt. Es kommt zu heftigen Streitereien mit gegenseitigen Vorwürfen und offener Aggression. Wenn solche Machtkämpfe lange anhalten, gewinnen beide schließlich den Eindruck, nicht zueinander zu passen. Womöglich stellen sie die Beziehung in Frage.

Sie ergreift die Flucht

Wenn alle Versuche, gegen den Partner anzukommen, auf Dauer nicht fruchten, sieht die Frau ihre letzte Chance womöglich darin, aus der Beziehung zu fliehen. Damit entkommt sie zwar der gegenwärtigen Dominanz und verschafft sich Luft, aber ihr eigenes Dominanzproblem hat sie damit nicht gelöst.

Schlüssel und Schloss

Das Dominanzproblem ist nicht gelöst, weil der eigene Anteil an der Situation nicht erkannt wurde. Schließlich gilt auch beim Thema »Bestimmen« das Schlüssel-Schloss-Prinzip. Ist ein Mann dominant, stellt ihm die Partnerin zu diesem Schlüssel das passende Schloss zur Verfügung. Mit anderen Worten: Ein Bestimmer braucht jemanden, der über sich bestimmen lässt. Ein Boss braucht einen Mitarbeiter, der seinen Anweisungen folgt.

Doch wer bestimmt eigentlich wirklich, ob sich die Tür öffnen lässt? Der Schlüssel oder das Schloss? Letztlich bestimmt das Schloss, denn der Schlüssel muss zu ihm passen. Die Wahrheit hinter männlicher Dominanz lautet demnach: Der Mann hat keine Macht, sie wird ihm von der Frau verliehen. Um die bestehende Boss-Mitarbeiter-Vereinbarung zu beenden, genügt es, das Machtspiel nicht mehr mitzuspielen.

Ein mögliches Risiko beim Ausstieg aus der Anpassung besteht im Verlust von Bequemlichkeit (man muss etwas jetzt selbst erledigen), im Verlust von Sicherheit (er wusste so gut Bescheid) oder im Verlust von Zuwendung (er wird mich nicht mehr mögen).

Kleine Anleitung zum besseren Umgang

Um passend mit dem Dominanzverhalten eines Mannes umzugehen, können Sie sich zuerst klarmachen, welche Liebesform davon betroffen ist. Geht es um die partnerschaftliche, die freundschaftliche oder die emotional-leidenschaftliche Verbindung? Je nachdem sieht der Lösungsansatz anders aus.

Dominanz im partnerschaftlichen Bereich

Diese mag sich in Aussagen wie: »Was mit dem Geld geschieht, bestimme ich!«, oder: »Da kenne ich mich besser aus, überlass das gefälligst mir!« äußern. Nun geht es darum, seinem Standpunkt den Ihren entgegenzusetzen. Dann wird, ähnlich wie zwischen zwei Geschäftspartnern, miteinander verhandelt. Die Kunst und Schwierigkeit besteht darin, dabei nicht persönlich zu werden, seinen Standpunkt zu respektieren und den eigenen gelassen und konsequent zu vertreten. Um das zu tun, müssen Sie sich Ihre Meinung klarmachen. Am besten schreiben Sie sich zur Vorbereitung Ihre Ansichten kurz und klar auf. Die zentrale Überzeugung, die es ermöglicht, den eigenen Standpunkt in den folgenden Verhandlungen zu vertreten, lautet: »Ich sehe das anders und habe ein Recht darauf, dass mein Standpunkt respektiert wird.«

Sie sollten die Verhandlung allerdings nicht als eine einmalige Angelegenheit sehen, sondern als einen Prozess aus Auseinandersetzungen und Gesprächen, bei dem es schließlich zu einem für beide Seiten zufriedenstellenden Ergebnis kommen soll.

Ein Beispiel aus dem Beziehungsalltag

Ein Paar hatte ein gemeinsames Konto, welches der Mann verwaltete. Als die Frau ihren Beruf wieder aufnahm, wollte sie sich nicht länger »Geld zuteilen lassen« und bestand auf einer Kontovollmacht. Ihr Mann verweigerte dies und es kam zu andauernden Spannungen. Schließlich eröffnete sie ein eigenes Konto (spielte sein Spiel nicht mit), ließ sich von einem Anwalt beraten und vertrat ihre Interessen, indem sie Einsicht in die finanziellen Angelegenheiten der Familie forderte. Ihr Mann reagierte zunehmend verunsichert. Sie erklärte ihm, sie respektiere seine Entscheidung, keine finanziell gleichberechtigte Partnerin zu wollen, weshalb sie sich nun nach und nach von ihm materiell unabhängig machen werde. Als er den Ernst der Lage begriff, lenkte der Partner ein. Beide behielten ihre eigenen Konten, gaben einander aber Vollmacht darüber.

Dominanz im freundschaftlichen Bereich

Dieses Verhalten zeigt sich beispielsweise in der Forderung, die Interessen und Vorlieben des Partners zu teilen. Er sitzt gern auf der Couch und schaut fern, während sie lieber etwas unternehmen würde. Wenn sie sich nicht anpasst, reagiert er mit Liebesentzug, Drohungen oder macht Stress. In diesem Bereich geht es um die gegenseitige Anerkennung von Bedürfnissen.

Anstatt mit Argumenten gegenzuhalten, dass Fernsehen wenig geistreich und zu viel Herumsitzen nicht gut für seine Gesundheit sei, können Sie ihm klarmachen, dass das, was er verlangt, Ihnen nicht gut tut. Die innere Überzeugung, die Ihnen diese Klarheit ermöglicht, lautet: »Ich möchte einen Partner, der mich in dem unterstützt, was mir guttut.« Das eröffnet Ihnen beiden eine ganz andere Gesprächsebene, in der es nicht nur um Verhalten, sondern auch um dessen individuelle Bedeutung geht.

- Was ist schön für dich, was für mich?
- Was erfüllt dich, was mich?
- Wo kommen wir zusammen?
- Wo kommen wir nicht zusammen, ohne uns zu verbiegen?

Und selbst wenn Sie beide in Bezug auf Interessen nicht überall übereinstimmen, so ist es immer möglich, den anderen sein Hobby alleine tun zu lassen und ihm so etwas Gutes zu tun. Dass Ihr Mann Ihr Freund ist und sich entsprechend verhält, darauf können Sie einen Anspruch erheben.

Dominanz im emotional-leidenschaftlichen Bereich

Hier macht sich dominantes Verhalten durch scheinbar selbstverständliche Ansprüche bemerkbar. Beim Mann wird quasi so getan, als hätte er einen Anspruch auf etwas, das seine Partnerin nur freiwillig geben kann. Etwa auf ihre Liebe, ihre Zärtlichkeit, ihr Begehren, ihre Sexualität, ihre Zuwendung.

Wenn Sie sich im emotional-leidenschaftlichen Bereich Ihrer Beziehung dominiert fühlen, dann machen Sie Geschenke, die Ihnen nicht entsprechen oder die auf Dauer nicht erwidert werden. Sie »verschenken« sich und sind entsprechend frustriert. Statt sich anzupassen oder zu verweigern, sollten Sie Ihrem Mann klarmachen, wie es Ihnen mit der Situation und seinem Verhalten geht. Sie sollten ihn wissen lassen, wovon Sie sich innerlich bereits abgewendet haben und ebenso, wohin sie sich zuwenden könnten. Es geht mit anderen Worten darum, Ihren Partner in Ihr Herz blicken zu lassen. Die Überzeugung, die Ihnen das ermöglicht, lautet: »Ich will, dass meine Gefühle in der Beziehung unterkommen.«

Machtverhältnisse werden in dem Moment geändert, in dem man seine Mitarbeit am Machterhalt des Partners einstellt, indem man seine Macht zurück in die eigenen Hände nimmt und sich als einen Menschen zu erkennen gibt, der zu sich steht.

FAZIT

1. Ein Mann verfügt nur über das Maß an Macht, das seine Partnerin ihm zugesteht. Dominante Männer nutzen den Spielraum, den sie eingeräumt bekommen.

2. Wer dem Partner Macht verleiht, verspricht sich davon einen Vorteil, etwa Sicherheit oder Zuwendung. Das mag eine Weile zutreffen, doch irgendwann stimmt der »Vertrag« nicht mehr.

3. Verliehene Macht nimmt man zurück, indem man seine Belange in die eigenen Hände nimmt und sie dem Partner gegenüber offen und respektvoll vertritt.

4. »Ist er zu stark, bist du zu schwach« – an dieser provokativen Aussage ist viel dran. Wer sich dominiert fühlt, kann dies als Aufforderung verstehen, stärker zu werden.

MÄNNER, DIE ZU VERNÜNFTIG SIND

Werfen wir zu Beginn dieses Kapitels die Frage auf, was Vernunft eigentlich ist. Dabei handelt es sich um eine nützliche, verstandesmäßige Fähigkeit, die unter Umständen vor Fehlern oder Gefahren schützen kann. Vernunft ist einem Warnlicht vergleichbar, das in emotional dominierten Momenten aufblinkt und ruft: »Achtung! Überlege dir das noch einmal, der Sprung ist gefährlich! Du könntest dich verletzen!« Vernunft bildet ein Gegengewicht zu allzu spontanen Aktionen und unbedachten Handlungen.

Sie erfüllt ihre Aufgabe, indem sie die Folgen verschiedener Handlungsmöglichkeiten ausmalt und bewertet. Die möglichen Folgen sind ihr aus Erlebnissen und daraus gewonnenen Erfahrungen bekannt. Wer einmal einen Draht in eine Steckdose gesteckt oder auf eine heiße Herdplatte gefasst hat, der weiß, wie gut es sein kann, auf die Stimme seiner Vernunft zu hören.

Eine Kritik der reinen Vernunft

Die Vernunft wägt ab, gibt zu bedenken und urteilt. Sie teilt Absichten ein in gute oder schlechte, richtige oder falsche, absehbare oder nicht absehbare, kalkulierbare oder nicht kalkulierbare, eben in vernünftige oder unvernünftige. So stellt sie sich Vorhaben, die sich nachteilig auswirken können, in den Weg. Darin liegt ihr Vorteil – und zugleich ihr Nachteil. Denn reine Vernunft verhindert durch ihre Fixierung an Erfahrungen zugleich, dass sich neue Lebens- und Erfahrungsmöglichkeiten ergeben können. Vernunft kann nicht nur schützen, sie kann auch einsperren.

Der Gegenspieler der Vernunft ist die Lust. Lustbetontes Verhalten folgt spontanen Einfällen und ist vorrangig körperlich oder emotional motiviert. Lust tut, was sie tut, allein deshalb, weil es Spaß macht, weil es Freude bereitet, weil es Leidenschaft bringt und weil es – und sei es nur für den Moment – glücklich macht. Die Lust sucht und findet Erfüllung, ihr gehört der Augenblick, sie schafft das Gefühl, lebendig zu sein.

Abschied von der Lust am Leben

Zu einem guten Leben gehört beides! Vorausschauendes wie Unberechnetes, Bedachtes wie Spontanes, Vernünftiges wie Lustbetontes – am besten in einem ausgewogenen Verhältnis. Und da liegt der Haken. Denn vernünftig sein ist sicher eine gute Sache, allzu vernünftig sein hingegen zeugt dafür, dass die Vernunft eine zu große Rolle spielt und etwas anderes zu kurz kommt. Bei einem allzu vernünftigen Menschen taucht früher oder später die Frage auf, wozu er tut, was er tut – wenn dabei so wenig Lust herauskommt.

Man kann es auf die Fragen zuspitzen:

- Ist es eigentlich vernünftig, ein vernunftbasiertes Leben zu führen? Wie würde solch ein Leben aussehen?
- Wäre es frei von Risiken und Gefahren?
- Würde darin alles berechenbar scheinen?

Wahrscheinlich könnte es zu einer solchen Illusion kommen, aber dafür würde ein hoher Preis gezahlt, denn die Lebenslust bliebe auf der Strecke. Die findet sich nicht auf ausgetretenen Pfaden.

Ein Lob der Lebendigkeit

Unvergessliche Momente lassen sich nicht planen. Genuss lässt sich nicht berechnen. Glück nicht gestalten. Bemerkenswertes findet unerwartet statt. Zu viel Vernunft kann der Lebendigkeit keine guten Dienste erweisen. Ein Leben, das auf zu viel Vernunft basiert, ist für Langeweile oder Depressionen prädestiniert.

Eine Frau, die sich über ihren zu vernünftigen Mann beklagt, vermisst diese Lebendigkeit. Sie erlebt ihn als Spaßbremse. Wenn sie tanzen gehen möchte, winkt er ab: »Was soll das, das ist nichts für mich!« Will sie einmal Bungee springen, fällt ihm der letzte Unfall ein, von dem er in der Zeitung las. »Das Risiko muss man nicht eingehen.« Eine Urlaubsreise ins Blaue hinein ist ihm zu ungewiss. »Stell dir nur mal vor, was alles passieren kann.« Wenn sie Sex am Strand will, fürchtet er, dass Leute vorbeikommen. »Lass uns das lieber zuhause machen.« Wenn sie auf Schiern steile Hänge hinuntergleiten und den Wind in ihren Haaren spüren möchte, befürchtet er, sich ein Bein zu brechen. »Ein Schlitten tut es auch.«

Ein allzu vernünftiger Mann ist ein lebender Bedenkenträger. Mit ihm an ihrer Seite fühlt sich die Partnerin leicht eingeschränkt und fest angebunden. Sicherlich, zu Beginn der Beziehung war sie fasziniert von seiner Bodenständigkeit. Er bot ihr ein hohes Ausmaß an Verlässlichkeit, mit ihm wusste sie, woran sie war. Er war ihr Fels in der Brandung. Jetzt empfindet sie ihn öfter als Klotz am Bein. Er tritt zu oft auf die Lustbremse.

Wollte ein allzu vernünftiger Mann ein Buch über sein Leben schreiben, blieben die meisten Seiten leer, denn er hätte kaum Erzählenswertes zu berichten. Ein solches Leben droht auch der Frau an seiner Seite: ein Leben auf Sparflamme.

Was steht beim Mann dahinter?

Der allzu vernünftige Mann ist nur scheinbar emotionslos. Denn hinter dem vernünftigen und nüchternen Anschein wird sein Denken von einem Gefühl bestimmt: von der Angst.

Er hegt Befürchtungen

Ein Vernunft fixiertes Denken ist generell von Befürchtungen geprägt, vom Streben nach Sicherheit. Der zu vernünftige Mann will das schützen, was er zu haben glaubt und was ihm wichtig erscheint. Seine Beziehung, seine Familie, seine Existenz, sein Geld. Für ihn gilt die Devise: Besser Vorsicht als Nachsicht! Bloß keine Fehler machen!

Der allzu vernünftige Mann hat gelernt, auf die Stimmen der Sorge und der Angst zu hören. Er hat dafür gute und nachweisbare Gründe, die in seiner Lebensgeschichte zu finden sind, denn er hat entsprechende Erfahrungen gemacht. Allerdings sieht er selbst seine Zurückhaltung keineswegs in irgendwelchen Ängsten begründet. Im Gegenteil, er kann sein Verhalten schlüssig rational begründen. Er lässt sich eine Sache in Ruhe durch den Kopf gehen. Er sieht keinen Sinn in diesem oder jenem. Seine Erfahrung sagt ihm, dass nichts Gutes dabei herauskommen kann.

Er kann sich nicht auf eine durchlebte Nacht einlassen, weil er morgen fit sein muss. Er hat Verpflichtungen. Er mag es nicht, wenn jemand über den Durst trinkt. Er achtet auf das richtige Maß. Er isst nur Dinge, die angeblich gesund sind. Er fragt sich, ob sich dieses oder jenes lohnt, bloß für den Spaß des Augenblicks. Dass er dabei seinen Ängsten folgt, das wird ein allzu vernünftiger Mann bestreiten. Er ist ein Investor und versucht, das Leben zu berechnen. Dabei gleitet ihm ein guter Teil des Lebens durch die Finger.

Typische Fehler der Partnerin

Es ist verständlich, wenn sich eine Frau durch ihren allzu vernünftigen Mann eingeschränkt fühlt. Beim Versuch, ihn aus seiner Haltung herauszubekommen, mögen ihr allerdings Fehler unterlaufen, die die Lage eher verschlimmern als verbessern.

Sie wertet ihn ab

Es ist wenig sinnvoll, sich über den Mann aufzuregen und ihn als Spaßbremse zu bezeichnen. Es hilft auch nicht, ihm andere Männer vorzuhalten, die angeblich lebendiger sind als er. In solchen Fällen unterstellt sie ihm Unfähigkeit und wirft ihm diese vor. Wenn er aber tatsächlich unfähig zu einem spontaneren Leben ist, dann wäre es sinnlos, ihm dies vorzuwerfen. Ebenso könnte sie ihm seine Körpergröße vorhalten. Tatsächlich wertet sie ihn ab, weil sie frustriert ist und ihm die Schuld an ihrer Lage gibt im Sinn von: »Wenn du nicht so wärst, könnte ich …«

Sie verhöhnt ihn

Es kann manchmal sehr frustrierend sein, sich an einen vernunftbestimmten Mann gebunden zu haben. Ironie oder sogar Hohn können dieser Frustration einen ungeschickten Ausdruck geben.

Bissige Bemerkungen oder Spott seitens der Frau zeigen, dass sie die Motive hinter seiner Vernunft – die Ängste und Sorgen – entweder nicht erkennt oder nicht ernst nimmt. Sie nimmt ihm seine Zurückhaltung übel, weil sie glaubt, er wolle sie absichtlich einschränken und weil sie ihm unterstellt, er gönne ihr den Spaß nicht, den sie sucht.

Sie will ihn mitreißen

Aber auch ein positiv gemeinter Ansatz, der in Versuchen besteht, den Mann mitzureißen, mag nicht die erwünschten Ergebnisse zeigen. Diese Strategie erweist sich auf Dauer als sehr anstrengend, zudem macht ein Spaß, um dem man sich derart bemühen muss, nicht wirklich Spaß. Der Versuch ihn mitzureißen wird meist nach hinten losgehen, denn je mehr sie sich bemüht, ihn aus seiner Ecke zu zerren, desto verkrampfter klammert er sich dort fest. Wenn sie ihn überreden will und so tut, als müsse sie ihm die Welt zeigen, unterstellt sie ihm eine gewisse Unmündigkeit. Auch dagegen wird er sich wehren.

Sie nimmt es hin

Es fördert ihre Lebenslust aber auch nicht, wenn die Frau seine Art hinnimmt und sich seiner Nüchternheit anpasst. In dem Fall würde sie aufgeben, weil sie der Überzeugung ist, dass sie alles versucht hat und dass man »bei ihm nichts machen kann.«

Schlüssel und Schloss

Was also tun? Auch hier geht es für die Frau darum, ihren eigenen Anteil an der Beziehungsdynamik unter die Lupe zu nehmen. Dabei kann die Verschlimmerungsfrage hilfreich sein. Was müssten Sie tun, um Ihren Mann zu einem noch stärker von Vernunft bestimmten Verhalten zu animieren? Was müssten Sie tun, um seine Ängste zu steigern und so sein Verhalten zu festigen?

Sie könnte beispielsweise das Vorhandensein eines Risikos abstreiten. Wenn es ums Bungee-Springen geht, könnte sie darauf verweisen, dass der TÜV die Seile überprüft und ihm damit Gelegenheit geben, mögliche Fehler auszugraben, die seitens des TÜV gemacht wurden. Solche Diskussionen sind fruchtlos und führen nur zu immer weiterem Frust.

Gegen die Vernunft kämpfen ist fruchtlos

Die Frau könnte auch versuchen, die Notwendigkeit einer Vorsorge zu negieren und ihm klarmachen wollen, dass es darum geht, im Hier und Jetzt zu leben. Sie könnte so tun, als wären Lust und Spaß das Einzige, worum es im Leben geht, als wären Ängste und Sorgen überflüssig. Dazu könnte sie das Geld mit vollen Händen ausgeben.

Was auch immer sie gegen seine Vernunft tut, wird nicht helfen. Je weiter sie auf den Pol der Unvernunft hinausgeht, desto energischer wird er sich auf die Vernunft berufen. Auf diese Weise würde innerhalb der Beziehung zwar der Versuch unternommen, eine Balance zwischen Vernunft und Lebenslust zu erhalten, aber diese wäre stark personenbezogen und polarisiert, und die Partner würden sich dadurch voneinander entfernen. Sie würden dann den Eindruck gewinnen, nicht »zueinander zu passen«.

Kleine Anleitung zum besseren Umgang

Das Gegenteil eines Kampfes gegen die Spaßbremse mag wesentlich hilfreicher sein. Die Frau kann die Bedenken des Partners anerkennen, ohne auf ihre Lust am Leben verzichten zu wollen. Sie kann die Devise »Vernunft und Lust« auf ihre Fahnen schreiben. Dieser zu folgen wird sie in eine Auseinandersetzung führen. Dabei geht es immer darum, was in »deinem« und in »meinem« und vor allem auch in »unserem« Leben eine Rolle spielen sollte. Wenn die Frau die Botschaft sendet: »Ich erkenne deine Zurückhaltung an, ich achte dein Sicherheitsbedürfnis, ich schätze deine Sorge« eröffnet sich ihr eine wichtige Möglichkeit. Sie kann auch Achtung für das in Anspruch nehmen, was ihr wichtig ist.

Mehr Glück erleben

Was Ihnen am Herzen liegt, lässt sich vielleicht mit dem vagen Begriff des »Glücks« fassen. Ihnen liegt am Herzen, mehr Freude und mehr Lust – in einem Wort: mehr Glück – zu erleben. Und darauf, dass Ihrem Glück von Ihrem Partner genau so viel Wert zugemessen wird wie der Sicherheit. Darauf können Sie bestehen.

Den vagen, unbestimmten Begriff des Glücks und der Lebenslust mit Inhalt zu füllen ist dann Sinn der Auseinandersetzung, die Sie mit Ihrem Partner einleiten. Dabei geht es konkret darum, was Ihnen fehlt, wovon Sie träumen, was Ihnen Freude bereitet, wofür Sie seine Unterstützung haben wollen etc. Dazu gehört auch, Ihrem Partner klarzumachen, wo die Grenzen Ihrer Bereitschaft, Ihr Leben allein der Vernunft unterzuordnen, liegen und wodurch sie überschritten werden.

Sie können ihm in der Auseinandersetzung klarmachen, worauf Sie unter Umständen zu verzichten bereit sind und worauf nicht. »Warum nicht?« – »Weil es mich glücklich macht!« Eine solche Klärung kann im Gespräch geschehen, doch oft ist es hilfreicher, das Thema Lebenslust anhand von Sehnsüchten zu verdeutlichen. Beispielsweise können Sie eine »Liste« Ihrer Wünsche, Träume und Sehnsüchte anfertigen, ihm diese zeigen und ihn auffordern, Gleiches zu tun. Hier würde stehen, was Sie gerne noch alles erleben möchten, bevor Sie eines Tages aus dem Leben scheiden.

Ein Beispiel aus dem Beziehungsalltag

Die beiden sind Ende 40, materiell stehen sie recht gut da, was unter anderem seiner guten Finanzplanung und der stetigen Arbeitsleistung beider zu verdanken ist. An Urlaube haben sie in den letzten Jahren nicht gedacht. Nun möchte die Frau gern ein Wohnmobil kaufen und damit die »Welt erkunden«.

Er findet diese Investition übertrieben und unvernünftig. Er argumentiert damit, dass das Wohnmobil hinausgeworfenes Geld wäre, also eine Investition, bei der nur Wertvolles verloren geht und nichts »hereinkommt«. Sie nimmt seine Argumente ernst und gibt ihm recht. Das Geld wird nicht mehr hereinkommen. Aber wozu sollte es das? Was würden sie damit anfangen, wenn es wieder hereinkäme? Es auf ein Bankkonto legen? Würde sie das zufriedener oder gar glücklicher machen?

Sie macht ihm klar, was für sie stattdessen hereinkommt: Lebensfreude. Sie sagt: »Es liegen noch bestenfalls 20 Jahre vor uns, in denen wir – falls die Gesundheit mitspielt – diese Art von Reisen machen können. Ich habe immer von so einem Nomadenleben geträumt, zumindest im Urlaub.« Auch er kann sich das vorstellen – wenn eben nicht das viele Geld wäre. Sie gibt ihm Zeit, aber sie gibt nicht auf und macht ihm klar, wie viel ihr an diesem Traum liegt. Nach einigem Hin und Her einigen sich die beiden darauf, erst einmal einen Versuch zu starten und sich für einige Monate ein gutes Wohnmobil zu mieten. Wenn es ihre Vorstellungen erfüllt, können sie immer noch eines kaufen. Mit diesem Kompromiss können beide leben.

Natürlich ist auf dieser Liste auch das enthalten, »was ich unbedingt mit dir« erleben möchte, ohne darauf beschränkt zu sein.

Wenn er spürt, wie ernst es Ihnen mit der Lebenslust ist, wird ihn das in Kontakt mit den eigenen Sehnsüchten und Träumen bringen, es wird ihn sozusagen »anzünden«. Sicher wird er nicht bei allem mitziehen, und sicherlich muss diesen oder jenen Bedenken Rechnung getragen werden, aber es wird auf jeden Fall mehr möglich werden. Wo er auf keinen Fall mitziehen will, da können Sie ihn lassen und dennoch das Ihre tun, am liebsten mit, im Notfall ohne seinen Segen. So wie die Frau in dem Beispiel auf der vorigen Seite, welches sowohl den partnerschaftlichen als auch den freundschaftlichen Bereich der Beziehung betrifft.

FAZIT

1. Das Leben der meisten Menschen hat sich in den letzten Jahrzehnten verlängert. Es steht scheinbar viel Zeit zur Verfügung, um sich Träume »später« zu erfüllen. Aber das Leben ist endlich, und Lebensfreude lässt sich nicht nachholen. Das letzte Hemd, so lautet eine alte Weisheit, hat keine Taschen. Der allzu vernünftige und auf Sicherheit bedachte Partner hat diese schlichte Wahrheit nicht im Blick.

2. Dass es aber unvernünftig ist, ein allzu vernünftiges Leben zu führen, das leuchtet auch Vernunft betonten Männern ein.

3. Der Weg zu mehr Lebenslust gleicht dann oft einer Suche.

MÄNNER, DIE **GEIZIG SIND**

Die Menschen sind heute individualisiert, und daher pflegen sie einen unterschiedlichen Umgang mit den Ressourcen, die ihnen zur Verfügung stehen. Das gilt auch für Beziehungspartner. Welche Ressourcen stehen Frau und Mann in ihrer Beziehung zur Verfügung? Das sind in erster Linie Geld, Zeit und Zuwendung. Über diese Güter verfügen beide Partner oft in unterschiedlichem Maß.

Das Wort »Ressource« bedeutet »Quelle«. An einer Quelle kann man seinen eigenen Durst löschen, ebenso kann man den Partner daran teilhaben lassen. Wie und in welchem Ausmaß einer von beiden seine Güter für sich behalten will oder sie mit dem anderen teilt, das ist eine Frage der Verbundenheit beziehungsweise Getrenntheit, die er in seiner Beziehung erleben möchte.

Für manche Partner ist es selbstverständlich, alles Geld und Vermögen zu teilen. Andere legen Wert darauf, finanzielle Dinge zu trennen. Manche Männer und Frauen stellen dem anderen einen großen Teil ihrer Zeit zur Verfügung, andere bringen wenig Zeit für Gemeinsamkeiten, dafür viel für ihren Beruf auf. Für manche ist es selbstverständlich, sich der Innenwelt des Partners zuzuwenden, andere meiden allzu große Intimität.

Solche Umgangsformen stellen kein Problem *an sich* dar. Man kann den Partner als großzügig empfinden und sich daran freuen oder es nicht so wichtig finden. Man kann ihn als sparsam empfinden und das gut finden oder einfach nur hinnehmen. Wenn man ihn jedoch als *geizig* bezeichnet, wird sein Umgang mit einer der beschriebenen Ressourcen als störend empfunden.

Die Frau, die von ihrem Partner als einem geizigen Menschen spricht, wird sich eine andere Eigenschaft von ihm wünschen: dass er mehr mit ihr teilt, sei es Geld, Zeit oder Zuwendung. Und darüber hinaus wünscht sie sich, dass er es freudig tut. Sie ist frustriert, weil sie den Eindruck hat, in mancher Hinsicht mehr zu geben, als er dazu bereit ist.

Was steht beim Mann dahinter?

Ein geiziger Mann ist nicht einfach bloß geizig. Es können sich recht unterschiedliche Motive hinter der Entscheidung verbergen, ein Gut nur teilweise zu teilen oder es für sich zu behalten.

Er ist egoistisch

Im einfachsten Fall steht reiner Egoismus hinter geizigem Verhalten. Der Mann findet, dass seine Interessen wichtiger sind als die der Partnerin, weshalb er für »wichtige« Dinge wie Computer viel Geld ausgibt, während ihm die Inneneinrichtung der Wohnung

»unwichtig« ist. Aus einer selbstbezogenen Perspektive heraus hält ein Mann vielleicht Status für wichtiger als Erholung, weshalb er Geld in für andere Menschen sichtbare Dinge wie Haus oder Auto stecken will, aber dafür lieber auf Urlaub verzichtet. Möglich auch, dass er seinen Beruf für wichtiger hält als seine Beziehung und daher mehr Zeit dafür aufbringt als für seine Partnerin. Sein Egoismus beruft sich auf die Wertigkeit, die er selbst Dingen zuspricht, während die Wertigkeit der Partnerin in Zweifel gestellt wird.

Er hat Angst

Ein anderes Motiv für geiziges Verhalten kann in einer Angst liegen. Vielleicht will der Mann das meiste Geld sparen oder in Aktien stecken, um »später« abgesichert zu sein. Sein Geiz wird in diesem Fall von einem Sicherheitsbedürfnis gespeist. Oder er hat Angst, im Betrieb abgehängt zu werden und steckt die meiste Zeit und Kraft in die Arbeit. Oder er fürchtet sich davor, durch zu viel Nähe in der Partnerschaft seine Autonomie zu verlieren und hält sich bezüglich Zuwendung und Intimität zurück.

Er revanchiert sich

Ein anderes Motiv, wenig von den eigenen Ressourcen herauszurücken, kann im Aufrechnen liegen. Der Mann hat dann womöglich das Gefühl, entweder im emotionalen oder erotischen Bereich in der Beziehung zu kurz zu kommen, weshalb er seinerseits mit Geld, Zeit und Zuwendung geizt. Nach dem Motto: »Wenn du mir nicht gibst, was ich will, gebe ich dir nicht, was du willst.« Weil seine Partnerin keine Lust mehr hat, mit ihm ins Bett zu gehen, hält er die Renovierung der Wohnung für unnötig. Er fragt nicht nach den Gründen ihrer sexuellen Zurückhaltung, sondern rechnet stattdessen Güter gegeneinander auf.

Typische Fehler der Partnerin

Da Geiz mit »Teilen« und dem Verhältnis von Geben und Behalten zu tun hat, spielt das Thema in einer Beziehung oft eine recht wichtige Rolle. Es ist auch durchaus nachvollziehbar, wenn eine Frau versucht, ihren Mann dort, wo sie ihn geizig empfindet, zu verändern. Schauen wir uns nun typische Fehler beim Umgang mit als geizig empfundenen Partnern an.

Sie nimmt es hin

Unter dem Geiz des Partners zu leiden und sein Verhalten aber hinzunehmen ist einer der Fehler, die eine Frau machen kann. Man kann in diesem Fall davon ausgehen, dass sich Frust und Ärger über den »Geizkragen« auf Dauer anstauen. Das geschieht auch und gerade dann, wenn sie so tut, als würde ihr sein Geiz nichts ausmachen und sie würde darüberstehen. In den meisten Fällen wird Hinnehmen zu einer inneren Distanzierung der Frau von ihrem Mann führen und damit Nähe »kosten«.

Sie kritisiert ihn

Wenig hilfreich ist es ebenso, geiziges Verhalten zu kritisieren und zu verlangen, der Partner solle »nicht« so oder eben bitte schön »anders« sein, nämlich großzügig. Der Mann ist aber wie er ist, zumindest in einer bestimmten Hinsicht. Zudem beruft sich sein Geiz auf innere Motive, unabhängig davon, ob diese seiner Frau berechtigt oder unangemessen erscheinen. Wenn zur Kritik der Frau an ihm dann noch die Generalisierung hinzukommt, im Sinne von »Du bist geizig« oder »Du bist ein geiziger Typ« – so, als wäre er nur das und nichts anderes –, wird er sich gegen solche Pauschalverurteilungen wehren und sich rechtfertigen. Oder er streitet die Vorwürfe glatt ab oder gibt sie an sie zurück.

Sie fordert ein

Ein Mann, der sich fest an seine Ressourcen klammert, wird sich auch durch harte Forderungen nicht von seinem Verhalten abbringen lassen. Schließlich gibt es in einer Paarbeziehung kaum verbriefte Ansprüche auf Güter. Selbst auf das Geld des einen Partners hat der andere nur einen begrenzten Anspruch. Bei Zeit und Zuwendung handelt es sich sogar gänzlich um freiwillige Gaben. Daher wird ein Mann harten Forderungen im Licht seiner eigenen Wertigkeit begegnen. Er wird sie als unberechtigt ablehnen oder seinerseits seine Frau der Unmäßigkeit bezichtigen. Damit sind Konflikte vorprogrammiert.

Sie zahlt es ihm heim

Wenig fruchtbar ist es auch, wenn eine Frau den Geiz des Partners mit gleicher Münze heimzahlt und ihm aus Ärger ebenfalls weniger von einem Gut gibt oder sich entzieht. Ein solches Verhalten stellt immer eine indirekte Kampfeinleitung dar, die zu kaum mehr als gegenseitigen Verletzungen führen wird.

Schlüssel und Schloss

Wie Schlüssel und Schloss beim Thema Geben und Teilen womöglich zusammenpassen, ergibt sich auch hier aus einer Frage. Sie lautet: Was müsste die Frau tun, um ihren Partner zu noch mehr Geiz zu veranlassen? Das würde wahrscheinlich am ehesten funktionieren, wenn sie bei ihm den Eindruck erweckt, das meiste für sich haben zu wollen und gleichzeitig auf den Mann keine Rücksicht zu nehmen. In diesem Fall würde die Dynamik des gegenseitigen Hochschaukelns greifen: Je fester er sich an seine Ressourcen klammert, desto stärker zerrt sie daran. Je fester er hält, desto zugreifender wird sie … und so weiter.

Kleine Anleitung zum besseren Umgang

Was können Sie also tun, wenn Sie den Geiz Ihres Partners weder hinnehmen noch kritisieren, wenn Sie weder fordern noch sein Verhalten mit gleicher Münze heimzahlen wollen? Dazu können Sie eine Menge tun: Sie können offen und deutlich sein und einen klaren Standpunkt beziehen.

Seien Sie offen

Wenden wir uns zuerst dem Offensein zu. Offen sein bedeutet für die Frau, die unter dem Geiz ihres Mannes leidet, nicht an ihm und seinem Verhalten anzusetzen. Es bedeutet viel mehr, dass sie ihm ihre eigene Betroffenheit verdeutlicht, die durch sein extremes Festhalten und seine geringe Großzügigkeit in verschiedenen Belangen ausgelöst wird. Zur Erläuterung dessen ist das folgende Beispiel aus dem partnerschaftlichen Liebesbereich ganz anschaulich: Ein Paar, bei dem das Geld zurzeit etwas knapp war, ging trotzdem gerne öfter in ein Restaurant zum Essen. Dort ergab sich allerdings zum Missfallen der Frau jedesmal der gleiche Ablauf eines ganz bestimmten Szenarios. Sobald sie zur Speisekarte griff, wurde er nervös und empfahl ihr Gerichte im niedrigen Preisbereich, wodurch sie sich immer sehr eingeschränkt fühlte.

Wenn die Frau nun in diesem Beispiel nicht beim Verhalten ihres Partners ansetzen würde, sondern sich ihm offen in ihrer Betroffenheit zeigte, so könnte sie ihrem Mann erläutern und ohne verletzendes Verhalten ihrerseits, was sein Verhalten in ihr anrichtet. Zugleich kann sie sich durchaus offen für seine Beweggründe zeigen und auch anerkennen, dass er etwas sparen will: »Ich weiß, dass du das Geld mehr zusammenhalten willst, aber wenn ich nicht auswählen kann, was mir schmeckt, dann nimmt mir das die Freude am Essengehen mit dir.«

Beispiele aus dem Beziehungsalltag

Ein Beispiel aus dem partnerschaftlichen Liebesbereich:

Der Mann störte sich daran, dass die Frau immer so lange mit dem Handy telefonierte, sodass ihre Telefonrechnung auf mehr als 100 Euro pro Monat anstieg. Sie regte sich über seinen Geiz auf und hielt ihm vor, dass er sich alle drei Jahre ein neues Auto leistete. Die Sache drehte sich im Kreis. Jeder blieb dabei, dass sein Anliegen wichtig sei und das des anderen unwichtiger.

Hier führen nur grundsätzliche Verhandlungen weiter. Die Frau schlägt ihm schließlich vor, Telefonate und Auto als private »Vergnügungen« zu sehen und meint, für private Vorlieben solle jedem die gleiche Summe zur Verfügung stehen. Mit seiner Summe könne er machen, was er will, ebenso wie sie über ihr privates Budget. Der Mann stimmt zu. Die beiden definieren nun, was jeder aus seinem Portemonnaie bezahlen soll: Kleidung, eigenes Telefon, Auto. Im Laufe dieser Verhandlungen erkennt der Mann allerdings, wie kleinlich er sich verhält und dass er eine derart bürokratische Vereinbarung gar nicht möchte. Viel wichtiger wird ihm, dass seine Partnerin sich wohlfühlt. Er sieht die Telefonate nun in einem anderen Licht: als etwas, das zu ihrer Lebensqualität ebenso beiträgt, wie das neue Auto zu seiner. Das Thema ist damit erledigt, es wird keine neue Regelung gebraucht.

Ein Beispiel aus dem freundschaftlichen Liebesbereich:

Der Mann unternimmt oft lange Reisen, was für ihn kein Problem darstellt, da er sich als Selbstständiger seine Zeit frei

einteilen kann. Seiner Partnerin steht als Angestellte nur ein begrenzter Urlaubsanspruch zu, weshalb sie oft allein bleibt, manchmal über zwei oder mehr Monate. Er ist bisher nicht bereit, etwas von seiner Reisezeit zu opfern. Erst als seine Partnerin ihm klarmacht, dass sie anfängt, die Beziehung grundsätzlich in Frage zu stellen, ist er zum Einlenken bereit.
Sie macht dies ohne Vorwürfe oder Kritik, sondern einfach dadurch, dass sie ihrem Mann klarmacht: »Mir tut eine Beziehung, in der ich mich so oft alleine fühle, nicht gut. Was ist dir die Beziehung zu mir wert?«

Ein Beispiel aus dem emotional-leidenschaftlichen Bereich:
Dort ist eine Frau mit der Sexualität unzufrieden. Sie stört sich daran, dass ihr Partner bereits Sex will, wenn sie noch gar nicht erregt ist. Der Mann sagt: »Ich habe kein Problem mit meiner Erregung.« Er glaubt, das Problem läge allein bei der Frau und nicht in seiner mangelnden Zuwendung zu ihren Bedürfnissen. Man könnte sagen, der Mann geizt mit Zärtlichkeit. Es interessiert ihn nicht, wie er seine Frau erregen kann. Erst als sie ihm klarmacht, dass sie nicht mehr mit ihm schlafen wird, wenn sie nicht erregt ist, wendet er sich der Frage zu, wie er zu ihrer Erregung beitragen kann.

Die Beispiele aus den drei Beziehungsbereichen sind in einer Hinsicht gleich. In jedem Fall ergibt sich die Veränderung nicht aus Kritik am Mann und aus der Forderung an ihn, sondern indem die Frau sich selbst deutlich macht und einen Standpunkt gegenüber dem Verhalten des Partners bezieht. Dadurch ist dieser gezwungen, sein Verhalten ebenfalls zu ändern.

Seien Sie deutlich

Bleiben wir noch kurz bei dem Beispiel mit dem Restaurant von Seite 81, so kann die Frau durchaus feststellen, ob ihre Offenheit und Klarheit ihren Partner auch erreichen. Sollte er sich von diesem Verhalten ihrerseits nicht beeindruckt zeigen und stur weiter für die günstigeren Gerichte auf der Speisekarte streiten, so kann sie in letzter Konsequenz auch noch deutlicher werden. Es geht für sie schließlich darum, ihm die Bedeutung zu vermitteln, die das Essengehen im Restaurant für sie besitzt. Vielleicht kann sie dies so erreichen: »Ich möchte mich gerne an meinem Essen freuen und das bedeutet für mich auch, mir etwas zu gönnen. Wenn ich den Abend aber nicht genießen kann, weil ich immer auf den Pfennig schauen muss, verzichte ich lieber darauf.«

Ein solches Verdeutlichen muss nicht beim ersten Anlauf gelingen. Es mag mehrere Versuche brauchen, dem Partner die Einsicht in das eigene Erleben einer Situation, in der er sich geizig zeigt, zu vermitteln. Wenn im Gespräch aber deutlich wird, dass die gleiche Sache für jeden von beiden etwas ganz Unterschiedliches bedeutet, nämlich für ihn »Verschwendung« und für sie »Lebensfreude«, so wird in der Folge meist ein anderer Umgang damit möglich. Dann wird sich ein gemeinsamer Weg zeigen, sowohl der Sorge des Mannes um die finanziellen Ausgaben als auch dem Bedürfnis seiner Partnerin nach Genuss Rechnung zu tragen.

Beziehen Sie einen Standpunkt

Mit der nötigen Offenheit finden Partner in vielen Fällen einen Weg, Geben und Behalten so auszugleichen, dass beide zufrieden sind. Manchmal gelingt das nicht und dann kann es nötig sein, einen klaren Standpunkt zum Verhalten des Partners zu beziehen, so wie die Frau das im Beispiel auf Seite 81 tut.

FAZIT

1. Geiz – oder die Tendenz, bestimmte Güter nicht zu teilen – ist eine Eigenschaft, die sich in einer Beziehung manchmal erst nach einer gewissen Zeit zeigt. Die Möglichkeiten, mit der unterschiedlichen Wertigkeit von Geld, Zeit und Zuwendung umzugehen, sind vielfältig.

2. Erst wenn sich eine Frau am als kleinlich oder geizig empfundenen Verhalten des Partners dauerhaft stört, ist es Zeit, das Thema anzugehen. Das Thema hinter Geiz ist nicht so sehr Geben und Nehmen, vielmehr geht es darum, was die Partner miteinander teilen und was jeder für sich behalten möchte, es geht um Teilen und Behalten.

3. Für das Teilen und Behalten gibt es aber keine allgemein verbindlichen Vorgaben. Wie sie dies in beider Interesse handhaben möchten, müssen Mann und Frau in jedem Fall für ihre Beziehung herausfinden.

MÄNNER, DIE RECHT BEHALTEN WOLLEN

Wenn zwei Menschen zusammenkommen, dann treffen immer auch zwei unterschiedliche Weltsichten, Ansichten, Meinungen, Interessen und Standpunkte aufeinander. Diese Unterschiede werden für die Phase der Paarbildung zwar vorübergehend stillgelegt, weil in dieser Zeit das gemeinsame Interesse an der Liebe dominiert. Doch irgendwann brechen die verschiedenen Sichtweisen wieder auf. Und dann stehen beide Partner vor dem Problem, diese Unterschiede auch anzuerkennen.

Warum ist das ein Problem? Zu einem großen Teil, weil das Ausblenden von Unterschieden zu einer idealisierten Vorstellung des »Wir« geführt hat. Die Partner erleben dieses Wir in der ersten Beziehungsphase im Gefühl, sich schon »ewig« zu kennen, obwohl sie sich erst vor Wochen oder Monaten begegnet sind und sich kaum kennen. Es ist ein starkes Zusammengehörigkeitsgefühl entstanden, das auf dem Eindruck fast vollständiger Übereinstimmung beruht.

Vom Wir zu zwei Ichs

Nach und nach wird aber klar, dass dieser Eindruck täuscht. Es gibt kein reales, kein stark belastbares »Wir«, es gibt bestenfalls »seine« und »ihre« Vorstellung vom gemeinsamen Wir. Mit jeder Enttäuschung, mit jedem aufbrechenden Unterschied, wird nun das Gefühl angezweifelt, sich zu kennen und der Eindruck angegriffen, ganz und gar zusammenzugehören. Daher ist es nicht leicht, unter bestimmten Umständen auftretende unterschiedliche Standpunkte, Meinungen oder abweichende Verhaltensweisen hinzunehmen. Sie stellen Angriffe auf eine so empfundene Sicherheit dar, sei es bezüglich der eigenen Person oder der Beziehung.

Eine Frau kommt zu dem Schluss, dass sie mit einem Besserwisser, einem Rechthaber, zusammen ist, …

- wenn sie die Art und Weise, wie ihr Mann seine Meinung vertritt, als bedrängend oder übergriffig erlebt,
- wenn er sie mit aller Kraft davon überzeugen will, ihm recht zu geben.

Dann befindet sie sich in einem Dilemma, in dem sie sich zum Nachgeben ihm gegenüber und damit zu einer Selbstverleugnung aufgefordert fühlt, damit er sich gut und bestätigt fühlen kann. Wer Paare beobachtet, der weiß, dass der Kampf ums Rechthaben den Anschein erwecken kann, es ginge dabei ums Überleben. Und tatsächlich geht es unter Umständen und je nachdem, welches Thema berührt wird, um ein emotionales Überleben.

Was steht beim Mann dahinter?

Ein Kampf ums Rechthaben ist immer ein Kampf um ein emotionales Gleichgewicht in der Partnerschaft. Dieses baut auf der Zustimmung und gegebenenfalls der Anpassung anderer auf.

Er hat ein schwaches Selbstwertgefühl

Männer versuchen oft, besonders selbstbewusst zu wirken und aufzutreten. Wenn ein Mann jedoch ums Rechthaben kämpft, so macht er seinen Selbstwert von der Bestätigung anderer, in diesem Fall von der seiner Partnerin, abhängig. Er handelt nach dem Motto: »Indem ich recht bekomme, bin ich jemand!« Je heftiger er kämpft, desto schwächer wird seine Fähigkeit zur Selbstbestätigung und desto mehr ist er von Fremdbestätigung abhängig.

Er ist egoistisch

Handelt es sich beim Rechthaben-Wollen nicht um eine Meinung, sondern um eine konkrete Entscheidung, also darum, welche nun richtig oder falsch ist, dann stehen womöglich egoistische Absichten hinter dem Kampf. Er will seine Interessen durchsetzen und rechtfertigt dies mit scheinobjektiven Argumenten.

Typische Fehler der Partnerin

Der Kampf ums Rechthaben wird – wie jeder andere Streit – immer von beiden Seiten geführt. Einer allein kann nämlich nicht kämpfen und in die Auseinandersetzung gehen.

Sie kämpft

Ein grundlegender Fehler seitens der Frau kann darin bestehen, gegen die Position ihres Partners anzukämpfen und selbst recht haben zu wollen. In diesem Fall streiten dann zwei darum, wer nun recht hat und wer falsch liegt. Beide Partner wollen hier einander davon überzeugen, dass es nur eine Wahrheit geben kann – und zwar die ausdrücklich jeweils eigene!

Sie widerlegt ihn

Eine nicht weniger sinnlose Antwort auf einen Rechthaber besteht darin, ihm nachzuweisen, dass er unrecht hat. Die Frau handelt dann nach der Devise: »Wenn ich meinen Standpunkt schon nicht durchsetzen kann, muss ich seinen wenigstens ablehnen.«

Sie nimmt ihn nicht ernst

Wenn eine Frau nicht offen kämpfen will, bleibt ihr noch ein indirekter Widerstand. Durch diesen lässt sie ihren Partner zwangsläufig auflaufen. Typischerweise weicht sie dann mit ironischen Bemerkungen der Konfrontation aus wie: »Wenn du meinst!« oder »Du hast natürlich wie immer recht und ich dafür meine Ruhe.«
Zu einer Verständigung kommt es in solchen Fällen logischerweise nicht, und erst recht nicht dazu, die unterschiedliche Wahrnehmung von den beiden anzuerkennen. Der Partner fühlt sich in diesem Fall von ihr gering geschätzt, was ihn womöglich zu weiteren Anstrengungen des Rechthabens veranlasst.

Schlüssel und Schloss

Der beharrende Besserwisser – das ergibt sich aus den Fehlern beim Umgang mit solchen Männern – braucht immer eine Gegenspielerin. Das ist dann eine Partnerin, die ihn von seinem Sockel stoßen will. In den meisten Fällen handelt es sich dabei um eine Frau, die ihren Selbstwert ebenfalls in erster Linie von der Zustimmung ihres Partners abhängig macht. Dieser Kampf um gegenseitige Anerkennung bei gleichzeitiger Abwertung kennt allerdings keine Sieger.

Kleine Anleitung zum besseren Umgang

Gegen einen Rechthaber anzukämpfen macht wenig Sinn. Die Kampfarena muss am besten sofort verlassen werden. Und in dem Moment, in dem Sie das tun, hat Ihr Partner niemanden mehr, mit dem er weiter kämpfen kann.

Gehen Sie auf die Meta-Ebene

Kommt es in der Hitze des Gefechts zum Kampf um das Rechthaben, so kann der Wechsel auf eine übergeordnete Ebene relativ schnell aus dem Scharmützel heraushelfen. In diesem Fall gehen Sie einfach nicht mehr auf das Thema ein, über das Sie sich beide streiten. Vielmehr können Sie, die sich einem Rechthaber gegenüber sehen, darauf hinweisen, dass »es« jetzt schon wieder geschieht. Es – das ist der Kampf, der Streit, das Rechthaben. Und Sie können Ihrem Partner nun klar machen, dass Sie sich daran nicht beteiligen wollen. Weil dieser Kampf – es – einfach immer zu einem Streit führt. Weil Sie sich von ihm dabei unter Druck gesetzt fühlen. Weil Sie eigene Ansichten haben, die sich von seinen unterscheiden.

Wundern Sie sich

Aus dem Kontakt zu gehen und das Thema links liegen zu lassen, hilft aber auch nicht weiter, zumindest nicht lange. Solange das Streitthema offen bleibt, kehrt es auch wieder zurück. Statt nun in das Spiel einzusteigen, können Sie sich darüber wundern, wie unterschiedlich Ihrer beider individuelle Wahrnehmung ist und Ihren Partner fragen, was ihn zu dieser oder jener Ansicht und Meinung gebracht hat. Zugleich können Sie ihm gegenüber in aller Ruhe darlegen, was Sie zu Ihrer eigenen Sichtweise bringt. Wundern hat nichts mit Rechthaben zu tun. Wundern macht die Tür nicht zu, sondern auf, und gleichzeitig lässt es beide Möglichkeiten stehen.

Beispiele aus dem Beziehungsalltag

Beispiel aus dem partnerschaftlichen Beziehungsbereich:
Typische Kampfschauplätze ums Besserwissen in diesem Bereich lassen sich in Finanzfragen, Erziehungsfragen oder beispielsweise der Wahl des Wohnortes finden.

Ein Paar konnte sich nicht darauf einigen, eine Wohnung in der Stadt oder ein Haus am Stadtrand zu kaufen. Er meinte, es wäre besser, in der Stadt zu leben und deren Infrastruktur zu genießen. Sie fand es wichtiger, einen Garten und Grünes vor dem Fenster zu haben. Der Mann setzte nun alles daran, sie von seiner Sicht zu überzeugen und besser zu wissen, was für beide gut war. Eine Lösung kam erst in Sicht, als seine Partnerin ihm klarmachte, dass er sie nicht werde überzeugen können, er könne sich die Mühe sparen, sie hätte ihre eigenen Vorstellungen.
Damit war das Thema nicht vom Tisch, aber er stellte seine Überzeugungsversuche ein. Beide kamen zu der Einsicht, dass sie zu wenig voneinander wussten, beispielsweise darüber, wie wichtig die Sehnsucht des anderen für ihn war. Dass sie wichtig war, war klar, aber wie und wieso war unklar. Um dies zu begreifen, benötigten beide etliche Gespräche, wozu auch die Schilderungen von Befürchtungen, bisheriger Lebenserfahrungen und von Lebensträumen gehörten. Am Ende dieser Austauschphase hatte sich das Bild verändert. Nun konnte er sich vorstellen, ein Haus am Stadtrand zu mieten, und – falls ihm dieser Wohnort gefallen sollte, könnte man später auch ein Haus kaufen.

Beispiel aus dem freundschaftlichen Beziehungsbereich:
Hier machte sich der Mann über immer wieder über den »Kulturspleen« seiner Partnerin lustig. Sie besuchte gern die Oper, während er das »wirkliche Leben« lieber auf Sportveranstaltungen suchte. Es kam zwischen beiden Partnern infolgedessen oft zum Streit darüber, was nun besser wäre oder wer von beiden mit seinen Ansichten richtig oder falsch läge. Das ging solange, bis die Frau ihm eines Tages unmissverständlich klarmachte, dass es ihm niemals gelingen würde, ihr den Spaß an Autorennen und Fußballspielen einzureden. Sie stieß ihn dabei nicht zurück, sondern zeigte stattdessen ihr Bedauern über ihre beiden unterschiedlichen Vorlieben:»Ich würde auch lieber mit dir zusammen in der Oper Spaß haben, aber das ist nichts für dich. Lass uns einmal in der Woche getrennt Spaß haben.« Damit war die Frage, ob Kultur oder Sport besser wäre, vom Tisch.

Beispiel aus dem emotional-leidenschaftlichen Bereich:
Auch in diesem Liebesbereich lässt sich nicht festlegen, wer mit seinen Ansprüchen »recht« hat.

So meinte ein Partner nach der Geburt eines Kindes, es sei nicht normal, dass seine Freundin kaum mehr Lust auf Sex mit ihm habe. Statt sich auf Diskussionen über Normalität und Störung einzulassen, gab seine Freundin ihm zu verstehen, dass sie sein Bedürfnis sehr gut nachvollziehen könne. Zugleich machte sie ihm klar, dass er zwar ein Recht auf seine Lust, aber kein Recht auf Sex mit ihr besäße, sie aber durchaus das Recht habe, nicht der Norm – oder was immer er dafür halte – zu entsprechen. Der Mann schluckte diese, wie er sagte, »bittere Pille.«

Erkennen Sie ihn an

Wenn ausgiebiges Wundern dazu geführt hat, dass beide Sichtweisen dargestellt sind, geht es darum, die Meinung des Partners anzuerkennen – und zugleich Respekt für die eigene Sichtweise zu beanspruchen. Der Fachbegriff hierfür lautet »Anerkennung der zwei Wirklichkeiten«. Hieran gibt es nichts zu rütteln. Es gibt immer beide Realitäten, weil sie immer auf zwei individuellen Wahrnehmungen beruhen. Sogar der gleiche Vorfall wird von den Partnern unterschiedlich empfunden, bewertet, erinnert. »War der Satz beleidigend?« »Für dich vielleicht nicht, für mich schon.«

FAZIT

1. Wenn ein Mann ums recht behalten kämpft, als würde es um sein Leben gehen, steht in jedem Fall etwas anderes dahinter als das angebliche Thema. Es geht meist um das Gefühl, etwas wert zu sein oder um bestimmte Interessen.

2. Für beides können Sie Verständnis zeigen, ohne sich dem anzupassen. Niemand kann Ihnen Ihre Meinung und Sichtweise nehmen. Es sei denn, Sie lassen dies geschehen. Wenn Sie aber seine Meinung stehen lassen können, dann können Sie ganz selbstverständlich das Gleiche für sich beanspruchen – und zwar, dass er Ihre Sichtweise stehen lässt.

3. Einigen müssen Sie sich nur darüber, in bestimmter Hinsicht unterschiedlich zu denken, zu fühlen und zu reagieren.

MÄNNER, DIE SICH GEHEN LASSEN

Wenn zwei sich kennenlernen und sich attraktiv finden, achtet jeder sehr auf die Wirkung, die er auf den anderen hat. Er achtet also nicht nur auf den Partner, sondern zugleich auf sich selbst.

Die Liebe des Partners führt zu mehr Respekt sich selbst gegenüber, und natürlich trägt auch die Angst vor Ablehnung in der ersten Liebesphase zur Vorsicht und gegenseitige Rücksichtnahme bei. Sobald die Partner dann »zusammen« sind und sich zum Paar erklärt haben, werden die Karten neu gemischt. Die Angst vor Ablehnung lässt im Lauf der Zeit nach, und man zeigt dem anderen vorher verborgene Seiten von sich.

Diese Entwicklung ist überaus zwiespältig. Einerseits ist es durchaus entspannend, sich weniger zu kontrollieren, weniger auf

Wirkung aus zu sein, sich zu zeigen, wie man *auch* ist und davon auszugehen, dass man auch so gemocht wird. Vielleicht ist der Partner dann gern mal faul, liegt lange in den Federn, läuft den halben Tag im Schlafanzug durch die Wohnung, legt die Füße auf den Esstisch oder lässt den Bart sprießen. Andererseits besteht die Gefahr, durch dieses Verhalten bei der Partnerin Grenzen zu überschreiten. Diese Grenzen sind von Bedeutung.

Zwischen Vertrautheit und Fremdheit

Paare balancieren im Spannungsfeld zwischen Vertrautheit und Fremdheit. Vertrautheit gestattet Verhaltensweisen, die Fremden nicht erlaubt sind. Diese Offenheit ist für beide angenehm und entlastend. Zugleich sind die Partner auf ein ungewisses Maß an Fremdheit angewiesen, um ein gewisses Maß an Anziehung aufrechtzuerhalten. Die Grenzen dessen, was Vertrautheit erlaubt, ohne die Attraktivität zu beeinträchtigen, sind in einer Beziehung nicht ein für alle Mal festgelegt sondern fließend. Das bedeutet, dass sie von Zeit zu Zeit neu ausgetestet werden und es unter Umständen nötig ist, sie neu zu ziehen.

Wenn sich eine Frau beklagt, ihr Mann lasse sich gehen, sind bestimmte Grenzen überschritten worden. Um welche es sich handelt, ist nicht immer sofort klar. Verhindert ein Dreitagebart die Nähe, weil sie ihn »schmuddelig« findet, oder findet sie den Bartwuchs schmuddelig, weil Nähe aus anderen Gründen problematisch ist? Nicht immer geht es um das eigentliche Tun oder Lassen von ihm. Manchmal bietet das Äußere oder ein bestimmtes Verhalten auch nur den Anlass dafür, eine andere Unzufriedenheit indirekt zu äußern, indem man sie am Äußeren festmacht. Unabhängig davon, ob es um durch Äußerlichkeiten ausgelöste tiefere Gefühle geht, steht stets das Thema Wertschätzung im Hintergrund.

Was steht beim Mann dahinter?

Wenn ein Mann signalisiert: »Es ist mir keineswegs egal, wie du mich findest, deshalb achte ich auch immer auf meine Wirkung auf dich«, zeigt er, dass seine Partnerin ihm wichtig ist. Umgekehrt gilt: Wenn es ihm egal ist, was sie stört, so ist sie ihm in gewisser Hinsicht gleichgültig geworden. Schauen wir uns mögliche Motive für ein solches Gehenlassen an.

Er ist schwach

Es ist durchaus möglich, dass sich das Gehenlassen des Mannes gar nicht auf die Partnerin bezieht. Vielleicht geht es ihm momentan nicht gut, vielleicht durchlebt er eine Phase von Schwäche oder auch Niedergeschlagenheit. Solche Zeiten können wichtig für ihn sein, um eine Neuorientierung, einen neuen Sinn für sich zu finden, und dann scheint es ganz normal und hilfreich, wenn man die gewohnte Façon verliert und sich ein wenig gehen lässt. Das gilt aber nicht für Dauerzustände.

Er ist oberflächlich

Ist er aufgrund beruflicher oder sonstiger Gründe gestresst, rückt anschließend sein Bedürfnis nach Entspannung in den Vordergrund. Dann trägt er zuhause am liebsten sein altes Lieblingshemd oder -T-Shirt, das zwar schon kleine Löcher hat, aber durch das viele Tragen schön weich geworden ist. Oder er springt aus dem Anzug, streift sich die schlabberige Jogginghose über und legt die Füße auf den Tisch etc. Aufgrund seiner unentwegten Anspannung bekommt er dann gar nicht mit, dass sich seine Partnerin von diesem Verhalten abgestoßen fühlt. In dem Fall hat er sie und ihre Befindlichkeiten schlicht und einfach aus dem Auge verloren. Solange sie aber nicht interveniert, sieht er darin kein Problem.

Er ist gleichgültig

Ein Motiv des Mannes dafür, sich gehen zu lassen, kann auch in einer mehr oder weniger ausgeprägten Gleichgültigkeit liegen. Er handelt dann nach dem Motto »Ob ich mich nun für dich schön mache oder nicht – worin besteht der Unterschied?« In diesem Fall spricht viel dafür, dass er in der Beziehung Kontakt oder Nähe vermisst. Er muss dabei übrigens gar nicht wissen, ob und was ihm fehlt. Der Mann weiß jedenfalls nicht, wofür und zu welchem Zweck er sich aufraffen sollte, mehr auf sich zu achten. Er »protestiert« durch eine zur Schau getragene Gleichgültigkeit, ohne das selbst zu bemerken.

Er ist frustriert

Möglicherweise handelt es sich beim Gehenlassen des Mannes auch um eine Art Trotzreaktion. In dem Fall fühlt er sich nicht geachtet oder nicht begehrt, weshalb er sich der Partnerin auf diese indirekte Weise den Wünschen und Ansprüchen verweigert und sich ihr gerade auf unangenehme Weise zumutet.

Er ist respektlos

Vorstellbar ist ebenso, dass der Mann auf sich selbst bezogen ist und von seiner Partnerin wie selbstverständlich erwartet, dass sie seine Angewohnheiten hinnimmt. Er posaunt womöglich noch ein ignorantes »So bin ich eben« hinaus und sagt damit unausgesprochen »Finde dich damit ab.«

Typische Fehler der Partnerin

Hat eine Frau den Eindruck, ihr Partner lässt sich gehen, kann ihr das nicht gleichgültig sein. Sie wird etwas dagegen tun und kann dabei Fehler machen.

Sie nimmt es hin

Wenn zwei sich lieben, lassen sie sich allerhand durchgehen. In dieser Großzügigkeit besteht einer der Vorteile von nahen Beziehungen. Es gibt allerdings Warnzeichen, die sie beachten sollte. Dazu gehört öfter auftretendes Missfallen oder eine zunehmende Abneigung gegen Äußerlichkeiten oder Angewohnheiten des Partners. Wenn sie hinnimmt, was ihr missfällt und wenn sie wartet, bis sie im schlimmsten Fall Ekel vor dem Partner empfindet, baut sie eine Barriere auf, die mit zunehmender Dauer immer schwerer zu überwinden oder aufzulösen ist.

Sie bemüht sich

Eine Frau, deren Partner sich gehen lässt, der verschlampt in der Wohnung herumstreicht, des Öfteren angetrunken ist, sich für sie nicht mehr zurechtmacht oder nur noch vor dem Fernseher herumhängt, wird das womöglich auf sich beziehen. Sie wird ihre Attraktivität und ihren Wert für ihn infrage stellen, was zu einer Selbstverunsicherung führen kann – und zu dem oft vergeblichen Versuch, sich um seine Aufmerksamkeit zu bemühen. Dazu gehören verstärkte Anstrengungen, um selbst attraktiver zu wirken oder auch Appelle an ihn, sich doch nicht so gehen zu lassen.

Sie nörgelt

Helfen Appelle nicht – und das tun sie in den seltensten Fällen –, legt sie noch eines darauf und nörgelt und krittelt am Partner herum. Seine Haare sind zu lang, er riecht nach Zigaretten, er könnte endlich seine Kleidung ausmustern, sein Nasenhaar müsste gezupft werden und er sollte seine Nägel öfter schneiden. Halten Nörgelei und Krittelei an, fühlt er sich abgelehnt. Je nachdem wird er sich wehren oder sie selbst angreifen.

Sie macht ihm Vorschriften

Wo Nörgeln nicht die gewünschte Wirkung zeigt, geht die Partnerin dazu über, Vorschriften zu erlassen. Sie sagt ihm, was er anziehen soll und was nicht. Sie weist ihn an: »Leg die Füße nicht auf den Tisch!« Sie droht: »Wenn du diese alte Hose noch einmal anziehst, schmeiße ich sie weg!« Sie versucht, ihn wie ein Kind zu erziehen. Der Mann wird nicht mitspielen, schon bei der Mutter hat er gelernt, sich deren Anweisungen zu entziehen.

Sie wertet ab

Ändert sich über längere Zeit nichts am Verhalten und Erscheinungsbild des Partners, mag sie anfangen, ihn zu verachten. Sie reagiert dann abwertend und geringschätzig, beispielsweise sagt sie: »Du sitzt ja immer bloß nur faul herum!« oder sogar »Du widerst mich an!« Natürlich verachtet sie ihn deshalb, weil sie sich verachtet fühlt, aber ihre Kommunikation ist verletzend. Ihr Partner wird daraus keine Motivation ziehen, um ihr entgegenzukommen.

Sie gibt auf

Wenn alle Erziehungsversuche nichts genutzt haben, mag sie ihre Anstrengungen aufgeben. Sie resigniert. Entweder wendet sie sich emotional von ihm ab und nimmt auch äußerlich Abstand, indem sie eine Körpergrenze aufbaut, oder sie versinkt in Schwermut und lässt sich ihrerseits gehen.

Schlüssel und Schloss

Was kann eine Frau dazu beitragen, dass ihr Partner sich gehen lässt? Das grundlegende Hintergrundthema, vor dem sich gehenlassen, sich zusammenreißen, sich achten oder sich verachten abspielen, habe ich als gegenseitige Wertschätzung bezeichnet.

Man kann nun davon ausgehen, dass die Partner auf irgendeine Weise ihre Wertschätzung füreinander – in Teilbereichen – verloren haben. Schätzt man den Wert eines Partners hoch ein, wirkt der andere attraktiv, also anziehend.

Abstand und Wertschätzung

Wodurch wird diese Empfindung möglich? Das ergibt sich aus dem Begriff der »Anziehung«. Damit etwas anziehend wirken kann, muss es in einem bestimmten Abstand von ihm stehen – wie bei einem Magneten. Dieser kann ein Eisenteil nur anziehen, wenn es sich in einem gewissen Abstand zu ihm befindet.

Damit ist hier aber nur teilweise räumlicher oder körperlicher Abstand gemeint. Bedeutsamer für das Thema »Wertschätzung« ist psychischer Abstand. Dieser ist dann da, wenn sich Partner als eigenständige Personen wahrnehmen und respektieren. Erlebt ein Mann seine Partnerin als eigenständig und unabhängig, dann bedeutet das, dass er sie nicht »hat«. Er kann sich ihrer Zuwendung nicht sicher sein, ihre Liebe ist nicht selbstverständlich.

Lässt sich ein Mann nun gehen, kommen zwei Möglichkeiten in Betracht. Entweder er hält sich für unwiderstehlich, dann sieht er sich als Magnet, an dem die Partnerin unweigerlich klebt. Er glaubt, sie sicher zu haben, was ihn zu der trügerischen Annahme verleitet, er könne sich geben, wie er will. Sie würde ihn auf jeden Fall akzeptieren. Oder er glaubt, für seine Partnerin keinen Wert zu haben, dann sieht er sie als Magneten. Allerdings als einen, der ihn am anderen Pol auf Abstand hält und ihn unerklärlicherweise nicht an sich heranlässt. In diesem Fall wird ein grundlegendes Bedürfnis nicht erfüllt sein, weshalb der Mann einer bestimmten Logik folgt: »Wozu sollte ich mich anstrengen? Ich bekomme ja doch nicht, wonach ich mich sehne!« Diese Einschätzung bedeutet nicht unbedingt, dass seine Frau ihn nicht wertschätzt. Sie bedeutet aber, dass er sich nicht wertgeschätzt fühlt.

Was müsste sie demnach tun, um ihn zum sich gehen lassen zu animieren? Sie müsste sich an ihn klammern oder sich ihm unbegründet entziehen. In beiden Fällen würde sie sich nicht unabhängig zeigen. Zeigt sie sich schwach und klammert, glaubt er, tun und lassen zu können, was er will, weil ihm kein Widerstand entgegenkommt. Entzieht sie sich innerlich, tritt sie ihm ebenfalls nicht offen entgegen. Beide Verhaltensweisen haben gemeinsam, dass die Partnerin ihn nicht konfrontiert – und zwar mit sich selbst und ihrer Unabhängigkeit.

Das Aufschaukeln beim Thema »Mein Mann lässt sich gehen« kann also nach dem Muster funktionieren: Je mehr sie sich ihm entzieht, desto mehr lässt er sich gehen. Und je mehr er sich gehen lässt, desto mehr entzieht sie sich ihm.

Kleine Anleitung zum besseren Umgang

Aus der Schlüssel-Schloss-Betrachtung ergibt sich der grundlegende Hinweis zum Umgang mit Männern, die sich gehen lassen. Dieser lautet: Konfrontieren Sie Ihren Mann! Muten Sie sich ihm zu! Zeigen Sie sich ihm als eigenständige Partnerin! Das hat nichts damit zu tun, dem Mann Manieren beizubringen. Vielmehr geht es darum, ihn wissen zu lassen, mit wem er es zu tun hat.

Muten Sie sich zu

Auf die fiktive Frage »Warum soll ich am Tisch nicht rülpsen?« kann die passende Antwort nicht lauten: »Weil sich das nicht gehört«, oder: »Weil das scheußlich klingt.« Die richtige Antwort lautet: »Weil ich es als abstoßend empfinde« oder »Weil ich mich dann nicht wertgeschätzt fühle.«

Machen Sie Ansagen

Statt Appelle und Bitten, Kritik und Vorschriften sind klare Ansagen bezüglich der eigenen Grenzen gefragt. Das können Sie auf eine unpersönliche Weise tun, indem Sie beispielsweise in der dritten Person über Ihren Partner sprechen. Anstatt: »Ich habe keine Lust dich zu küssen, weil du unrasiert bist«, sagen Sie besser: »Ich habe keine Lust, *einen unrasierten Mann* zu küssen, das kratzt.« Der Unterschied in der Formulierung mag für Sie klein sein, für Ihren Mann ist er bedcutsam.

Seien Sie offen

Mitzuteilen, was Sie nicht mögen, ist wichtig. Hilfreich ist auch, noch einen Schritt weiter zu gehen und klarzumachen, was ein Verhalten mit Ihnen macht, was Sie sich wünschen, was Sie genau erwarten und wofür Sie offen sind. Dazu werden Sie Ihrem Mann klare Botschaften senden müssen, ohne ihn persönlich für das anzugreifen, was er tut oder lässt. Die Botschaft sollte nichts über Ihren Partner, sondern etwas über Sie selbst aussagen. Statt »Lass die Rülpserei!« können Sie sagen: »Ich habe keine Lust an einem Tisch zu essen, an dem gerülpst wird, das verdirbt mir den Appetit.« Es sollte jede Abwertung vermieden werden. Die Botschaft lautet nicht: »Du bist falsch!«, sondern: »Wenn du mit mir zusammen sein willst, musst du Rücksicht auf mich nehmen.«

Lassen Sie Taten sprechen

Versteht Ihr Partner Ihre Worte nicht oder nimmt er sie schlichtweg nicht ernst, so können Sie auch durchaus Taten sprechen lassen. Sie können sich dann beispielsweise entscheiden, an einem anderen Platz zu essen, wenn er weiterhin am Tisch rülpst – oder ihm einen Kuss verweigern, wenn er sich partout nicht rasieren will.

Beispiele aus dem Beziehungsalltag

Verfolgen Sie doch einmal die Aufforderung »Mute dich dem Partner zu« und »Zeige dich als eigenständig« in den Beispielen aus den drei Beziehungsbereichen.

Ein Beispiel aus dem partnerschaftlichen Bereich:

Die Frau störte sich daran, dass ihr Mann während des Essens die Füße auf den Tisch legte. Sie forderte ihn auf, das zu unterlassen, woraufhin eine Diskussion entstand. Er argumentierte: »Wo soll ich mich entspannen, wenn nicht zuhause.« Sie hielt dagegen: »Entspann dich nach dem Essen.«

Erst als sie in Ruhe und ohne Vorwürfe klarmachte: »Ich möchte keine Füße neben meinem Teller sehen, das verdirbt mir den Appetit«, lenkte er ein und nahm sie herunter. Daraufhin schob sie ihm einen Hocker unter den Tisch, auf den er seine Füße legen konnte. Damit war das Thema im Wortsinn vom Tisch.

Ein Beispiel aus dem freundschaftlichen Beziehungsbereich:

Das Paar war auf den Geburtstag seines Freundes eingeladen. Er kam gerade vom Joggen und die Zeit war knapp, weshalb er sich gleich in den Anzug warf. Sie schnupperte an ihm und forderte ihn auf, sich zu duschen. Er meinte, das wäre doch gar nicht nötig, schließlich wären sie ja nicht beim Bundespräsidenten eingeladen, sondern bei seinem besten Freund. Sie kannte die Situation und war die ewige Diskussion darüber leid. Sie resignierte, – allerdings nicht, was ihr Anliegen anging, sondern in Bezug auf ihre Erziehungsversuche. Sie sagte schließlich: »Es geht hier nicht um dich. Es geht um mich. Ich möchte nicht als die Frau mit dem schlecht riechenden Freund angesehen werden. Wenn du glaubst, nicht duschen zu müssen, musst du mit jemand anderem dorthin gehen.« Der Mann schaute sie erstaunt an. So eine klare Aussage hatte er noch nicht von ihr gehört, und sie meinte es offensichtlich ernst. Er reagierte nicht sauer, sondern ließ ein respektierendes »Hey – ist ja gut!« hören und stand schon unter der Dusche.

Ein Beispiel aus dem emotional-leidenschaftlichen Bereich:
Die Frau wollte, dass ihr Partner eine Intimrasur vornahm, damit sie ihn anziehender fand. Sie argumentierte damit, dass Schamhaare unhygienisch wären und dass männliche Models sich auch rasierten. Ihr Freund fühlte sich gekränkt und meinte: »Dann schlaf doch mit Models!« und ließ sie links liegen. Er hatte offenbar das Gefühl, nicht begehrt zu werden. Der Fall brachte die beiden in die Beratung. Dort traute sich die Frau, Tacheles zu reden. Sie erklärte ihm, dass sie sich immer schon vor Haaren im Intimbereich geekelt hat und dass es nichts mit ihm zu tun hatte. Sie machte ihm auch klar, dass sie diese Abneigung nicht überwinden wollte, sie hätte es lange genug ohne Erfolg versucht. Wenn er es täte, dann für sie. Er könnte sie gern für verklemmt halten, das hätte aber nichts geändert. Der Mann verstand nun besser, was das Problem war und dass er nicht dessen Ursache darstellte. »Ihr zuliebe« – und natürlich, weil er Sex mit ihr haben wollte, rasierte er sich schließlich.

FAZIT

1. Wenn Sie den Eindruck haben »mein Mann lässt sich gehen«, dann bringt dies das Thema Wertschätzung auf den Tisch. In diesem Fall kommt es darauf an, sich dem Mann zuzumuten, die eigenen Grenzen klarzumachen, ohne ihm dabei ein bestimmtes Verhalten aufzudrängen.

2. Dazu sind klare Aussagen über sich selbst nötig. Zum Beispiel: »Für mich ist das so. Ich bin nicht bereit, dies … oder jenes … zu ertragen …«

3. Die Handlungskonsequenzen müssen Sie dem Partner überlassen. Wenn Sie jedoch Eigenständigkeit zeigen und Ihrerseits Ihren Mann respektieren, wird sich ein Weg finden, mit den jeweiligen Befindlichkeiten umzugehen.

MÄNNER, DIE JAMMERN

Jammern und klagen ist allzu menschlich und kann guttun. Es ist unverzichtbarer Teil einer jeden Kultur, teils wurden sogar gesellschaftliche Institutionen für diesen Gefühlsausdruck geschaffen. So gibt es in manchen Gegenden Klageweiber, die das gemeinsame Klagen um einen Verstorbenen in einer Gemeinschaft einleiten. Ebenso gibt es religiöse Rituale, in denen gemeinsames Klagen ritualisiert an Mauern stattfindet, wie etwa der Klagemauer in Jerusalem. Wir kennen Gedichte, Lieder, Theaterstücke und Opern, in denen Schmerz zum Ausdruck gebracht wird. Klagende teilen mit, wie es in ihrem Inneren aussieht. Sie offenbaren anderen, dass und wie sehr sie leiden. Den Hintergrund des Klagens liefert das weite Feld menschlicher Bedürfnisse. Davon gibt es natürlich weit mehr als wir an dieser Stelle aufzählen können. Zu ihnen gehören beispielsweise der Wunsch oder das Bedürfnis

- nach Nähe,
- nach Mitgefühl,
- nach Unterstützung,
- nach Anerkennung,
- nach sexuellem und erotischem Kontakt,
- nach Lebendigkeit,
- nach Geborgenheit,
- nach Sicherheit,
- nach Nahrung,
- nach Gesundheit

und unzählige andere mehr.
Eine Klage weist darauf hin, dass eines dieser Bedürfnisse, meist schon längere Zeit, unerfüllt geblieben ist oder seine Erfüllung unmöglich gemacht wurde. Jede Klage erzählt von der schmerzlich empfundenen Abwesenheit von etwas Ersehntem. Man beklagt den Verlust von Dingen oder Menschen, man beklagt seine Einsamkeit, man beklagt Zwänge, in denen man sich befindet, man beklagt Pflichten, vor allem, wenn man sich zu viele auferlegt hat, man beklagt mangelnde Gelegenheiten, seine Träume und Sehnsüchte zu verwirklichen. Man beklagt, wenn man leidet. Wer klagt, zeigt dem anderen, dass ihm etwas fehlt.

Der Appell um Hilfe

Klagen kann einerseits Erleichterung verschaffen, andererseits verfolgt es darüber hinaus ein weiteres Ziel. Jede Klage beinhaltet den unausgesprochenen Appell »Hilf mir!« Klagende empfinden sich als Opfer von Umständen, denen sie sich ausgesetzt fühlen. Ein Ziel der Klage besteht im Wunsch nach menschlicher Unterstützung. Man kann auch vor Gericht eine Klage einreichen. Auch diese soll jemandem, der sich als Opfer anderer empfindet, helfen, ihm beispielsweise Schmerzensgeld verschaffen oder ihm auf andere Weise zu seinem Recht verhelfen.

Wenn aus Klagen Jammern wird

Vergleichbares gilt für die private zwischenmenschliche Klage in einer Paarbeziehung. Auch hier ist ein Appell zur Hilfe oder Unterstützung mit dem Klagen verbunden.

Was aber ist in der Beziehung geschehen, wenn eine Frau das Klagen ihres Mannes nicht mehr als Mitteilung seines inneren Zustands und auch nicht mehr als Aufforderung zur Hilfe, sondern als endloses Jammern empfindet? Wenn ihr seine Klagen zunehmend auf die Nerven gehen? Wenn sie langsam aber sicher den Eindruck gewinnt, sie habe es mit einem Waschlappen oder Weichling zu tun? Wenn sie die ewig gleiche Litanei einfach nicht mehr hören will, weil das Klagen einfach kein Ende findet und die immer gleichen Aussagen wie lästige Fliegen um sie herum kreisen?

- In der Arbeit hat der Partner seit Jahren Schwierigkeiten mit dem Chef (der nicht weiß, was er an ihm hat).
- Die Kollegen mobben ihn (statt ihn zu mögen).
- Die Umsätze gehen zurück, die Kunden halten ihr Geld zu sehr in der Tasche fest (statt es ihm zu geben).
- Im Fernsehen läuft immer mehr Schrott (anstatt dass ihm spannende Unterhaltung geboten wird).
- Die Politik verfolgt nur eigene Ziele (statt ihm zu einem komfortablen Leben zu verhelfen).

- Die Kinder könnten endlich mit Freude und motiviert lernen (statt in der Schule ständig Probleme zu machen).
- Das Haus könnte größer sein, das Auto schneller, die Karriere steiler.

Was ist geschehen, wenn eine Frau den Eindruck hat, einer Schallplatte zuzuhören, die einen Sprung hat? Dann fühlt sie endlose Appelle auf sich losgelassen, die nirgendwohin weisen. Sie hört Hilferufe, die in keine Richtung zeigen. Sie hört »Hilfe, ich ertrinke«, kann aber nirgends Wasser sehen, in das sie springen und zur Rettung eilen könnte. Sie hört »Hilfe, es schmerzt fürchterlich«, ohne dass er auf die Stelle weist, an der es wehtut.

Nervende Klagen des Partners sind aus dem Grund schwer auszuhalten, weil sie indirekt bleiben, weil sie weder auf ein konkretes Bedürfnis hinweisen noch klar und eindeutig eine bestimmte Hilfe oder Unterstützung anfordern. Nervende Klagen machen Menschen, die im Grunde hilfsbereit sind, hilflos.

Was steht beim Mann dahinter?

Wieso gelingt es dem Mann nicht, den Kern seiner Klage offenzulegen, indem er den entsprechenden Wunsch äußert oder das unerfüllte Bedürfnis anspricht? Hier kommen unterschiedliche Möglichkeiten in Betracht.

Er erkennt seine eigentlichen Bedürfnisse nicht

Der Mann erkennt sein hinter den Klagen verstecktes Bedürfnis selbst nicht, und daher kann er es nur indirekt äußern. Ihm mag vielleicht sogar bewusst sein, dass er Bestätigung oder zärtliche Begegnungen oder etwas anderes vermisst, aber wie sehr er dies tut und wie stark das wiegt, das bleibt ihm verborgen. So hört man ihn über die Trostlosigkeit der Welt lamentieren, obwohl nicht die äußere, sondern seine innere gemeint ist.

Er leugnet seine Bedürfnisse

Von einem Bedürfnis zu wissen und es sich einzugestehen sind zwei verschiedene Dinge. Wenn der Mann ein Bedürfnis an sich entdeckt, das nicht zu seiner Selbstvorstellung oder seinem Selbstbild passt, wird er es in den meisten Fällen leugnen. Wenn er beispielsweise in den Arm genommen oder getröstet werden möchte, wenn er vielleicht seinen Kopf in Ihren Schoß legen möchte, mögen ihm solche Bedürfnisse unmännlich oder kindisch vorkommen. Also schneidet er sie ab. Das Ergebnis sind dann Phantomklagen, die sich auf Stellen oder Orte beziehen, die eigentlich nicht schmerzen. Er beklagt sozusagen »irgendetwas«.

Er stellt indirekte Forderungen

Möglicherweise hat der Mann aber auch gelernt, wie er seine Bedürfnisse durchsetzen kann, ohne sie zu benennen. Dann übt er mit Klagen, die durchaus Ärger enthalten können, Druck auf seine Partnerin aus. Es geht ihm so schlecht! Sie soll etwas tun, damit es ihm besser geht! Solch forderndes Klagen hält den Anschein aufrecht, nicht bedürftig zu sein und erweckt den Eindruck, einen Anspruch auf Zuwendung zu haben. Unterschwellig liegt dann eine Aggression vor: »Wenn du nicht tust, was ich brauche, jammere ich dir weiter die Ohren voll.«

Er weist Schuld zu

Die offensivste Form des Klagens besteht in Schuldzuweisungen in Form stummer Vorwürfe. So als würde der Mann sagen: »Weil du nichts für mich tust, geht es mir schlecht! Sieh doch endlich, was mir fehlt und gib es mir!« Die Frau soll bezüglich seiner Bedürfnisse hellsehen. Doch da das Feld menschlicher Bedürfnisse sehr vielfältig ist, läuft es für die Frau eher auf Rätselraten hinaus. Zudem wird sie die stummen Schuldzuweisungen abwehren und womöglich erst recht nicht auf die Bedürfnisse des Partners eingehen.

Typische Fehler der Partnerin

Ziellose und endlose Appelle ihres Mannes können die verständnisvollste Frau an den Rand ihrer Geduld oder regelrecht in den Wahnsinn treiben. Schließlich möchte sie das von ihr so empfundene Jammern stoppen und sich die Klagen vom Hals halten. Dazu nutzt sie verschiedene Strategien.

Sie ignoriert das Klagen

Sobald der Mann sein Klagelied anstimmt, schaltet die Frau ab. Sie überhört, was ihr Partner sagt und versucht, auf andere Themen zu lenken. Das mag für den Augenblick gelingen, aber auf Dauer verstärkt sich das Gefühl des Mannes, in bestimmten emotionalen Aspekten nicht wahrgenommen zu werden – was ihm ein Motiv zu weiteren Klagen verschafft.

Sie widerlegt die Klagen

Ist die Frau vom ständigen Klagen genervt, reagiert sie womöglich gereizt und möchte ihm den Wind aus den Segeln nehmen. Sie widerlegt, was er sagt und will ihn davon überzeugen, dass es eigentlich keinen Grund zum Klagen gibt. »Warum beklagst du dich? Es geht dir doch gut!« Selbst wenn er dann verstummt, wird der Teil seiner Persönlichkeit, der auf etwas aufmerksam machen will, frustriert sein und sein Leid aufstauen, – welches sich dann bei nächster Gelegenheit entlädt.

Sie macht den Klagenden lächerlich

Wenn es ihr im Kontakt zum Partner nicht gelingt, sich dem Klagen zu entziehen, wird sie versuchen, sich nicht bloß die Klagen, sondern gleich den ganzen Mann vom Hals zu halten. Dies kann sie tun, indem sie ihn nicht ernst nimmt oder ihn lächerlich macht, also indem sie ihn mit Worten verletzt. Wenn sie ihn schließlich und endlich als »Weichei« empfindet oder gar als solches tituliert, hat sie die Grenze zur Verachtung erreicht.

Sie stößt den Klagenden weg

Es mag extreme Augenblicke geben, indem die Frau den Respekt vor ihrem klagenden Partner verliert und ihn regelrecht von sich stößt. Beispielsweise mit Worten, wie sie eine Frau ihrem Partner an den Kopf warf: »Lass mich einfach in Ruhe! Du bist ein einziges riesiges Problem. Geh und ertrink in deinem Leid!«

Schlüssel und Schloss

Die oben zitierte Bemerkung »Geh und ertrink in deinem Leid« weist darauf hin, wer sich in dem Konflikt gegenübersteht. Wenn sich auf der einen Seite ein »Weichei« befindet, steht auf der anderen Seite eine »harte« Frau.

Wozu soll Härte in solchen Fällen dienen? Sie fungiert als eine Art Schutz vor Überforderung. Den unspezifischen Klagen und indirekten Appellen ihres Partners ausgeliefert, fühlt sich die Frau überfordert. Dann schlägt ihre Hilfsbereitschaft in das Gefühl von Hilflosigkeit um, die meist als Härte oder Distanz herauskommt.

In den problematischen Situationen des Klagens und dessen Abwehr begegnen sich dann (scheinbare) Schwäche und (scheinbare) Stärke, hinter der sich jeweils Hilflosigkeit verbirgt. Der Mann wünscht sich eine bestimmte emotionale Unterstützung, kann seine Bedürfnisse und Wünsche aber nur indirekt ausdrücken. Die Frau fühlt sich überfordert und genervt und kann dies ihrerseits ebenfalls nur auf einer indirekte Art und Weise ausdrücken, durch Abwehr und Ablehnung.

Beide Partner fühlen sich durch ein unausgesprochenes Versprechen aneinander gebunden. Dieses Versprechen lautet, für das Glück des anderen mit verantwortlich oder gar dafür zuständig zu sein. In der beschriebenen Dynamik wird dieses Versprechen vom Mann durch Klagen indirekt in Anspruch genommen, während die Frau diese so empfundene Glücksverpflichtung durch ihre Klageabwehr loswerden möchte.

Womöglich hängen beide, ohne es zu bemerken, romantischen Beziehungsvorstellungen an. Sie glauben, es wäre möglich oder nötig, dem Partner jeden Wunsch von den Augen abzulesen. In der Verliebtheitsphase mag dieses Wunder sogar öfter eingetreten sein, im Beziehungsalltag führen solche Vorstellungen allerdings zu der beschriebenen Überforderung und Hilflosigkeit.

Kleine Anleitung zum besseren Umgang

Aus der Erkenntnis, dass beide Partner indirekt kommunizieren, ergibt sich der wesentlichste Aspekt zum Umgang mit klagenden Männern. Es geht für Sie ab jetzt darum, die Kommunikation mit Ihrem Mann direkt und konkret zu gestalten.

Kommunizieren Sie direkt

Das bedeutet in diesem Fall: Sie nehmen durch die Klageappelle Ihres Mannes auf, dass Sie etwas für ihn tun sollen. Nur wissen Sie aber nicht, um was genau es sich dabei handelt. Sie fühlen sich mit der angetragenen Aufforderung zum Gedankenlesen überfordert. Genau dies gilt es nun offenzulegen. Sie können Ihren Partner wissen lassen, wie es Ihnen mit seinen ständigen Klagen geht. Das tun Sie, indem Sie ihm klarmachen, dass Sie das Jammern nur schwer ertragen, weil Sie nicht verstehen, was er eigentlich von Ihnen will: »Ich höre dir jetzt schon eine ganze Weile zu, allmählich werde ich gereizt. Sag mir doch bitte, was du von mir möchtest oder was ich für dich tun soll.« Es ist möglich, dass Sie diese Aussage wiederholen müssen, falls er sein Klagen leugnen sollte. Sofern Sie ihm gegenüber aber zugewandt und gleichzeitig klar bleiben, wird er Ihnen nicht lange ausweichen können.

Wenn Sie auf eine so direkte Art auf die Klagebremse treten und dies zudem in einem wertschätzenden Ton und einer zugewandten Haltung tun, stehen die Chancen gut, dass der Mann sich diese Frage selbst stellt und Ihnen eine Antwort geben kann. Ihre direkte Kommunikation lässt sich durch Konkretisierungen ergänzen, beispielsweise durch Fragen wie:

Willst du …

- dass ich dir einfach nur zuhöre?
- dass ich dir recht gebe?
- dass ich dir einen Rat gebe?
- dass ich dich tröste oder umarme?
- dass ich dich küsse?
- dass ich morgen zu deinem Chef gehe und ihm sage, dass du ein toller Mitarbeiter bist? (humorvoll gemeint)
- dass ich dir sage, dass ich dich schätze?
- Oder ist es etwas ganz anderes?

Im guten Fall wendet sich der Austausch der Partner nun dem Thema Bedürfnisse zu. Dieses sollte allerdings nicht einseitig gehandhabt werden. Auch, was Sie brauchen, gehört auf den Tisch.

Beispiele aus dem Beziehungsalltag

Beispiel aus dem emotionalen Beziehungsbereich

Ein Mann hatte seit Jahren große Probleme mit seiner Ursprungsfamilie, vor allem mit seinem Bruder und dessen Frau, über die er sich oft und ausdauernd beklagte. Der Bruder wäre egoistisch…und das schon sein Leben lang … die Schwägerin arrogant … die Kinder verzogen. So ging das am Stück. Seine Partnerin hörte sich die Klagen eine Weile an, dann versuchte sie, dagegenzuhalten und Bruder und Schwägerin zu verteidigen. Nun beklagte sich der Mann auch über seine Frau: Sie hielte nicht zu ihm…sie fiele ihm in den Rücken … und so weiter. Sie fühlte sich hilflos, bis sie eines Tages aus der Haut fuhr. Sie fauchte, er solle sie mit diesem nervtötenden Thema endlich in Ruhe lassen, sie könne und wolle ihm nicht helfen. Er solle zu einem Therapeuten gehen und sein Verhältnis zum Bruder klären. Der Mann reagierte zuerst gekränkt und verfiel in zweitägiges Schweigen. Dann gab er ihr – zu ihrer Überraschung – recht. Er sah ein, dass er sie mit diesem persönlichen Thema überfordert hatte und dass sie ihm nicht helfen konnte. Die Reaktion der Frau hatte in diesem Fall die Beziehung nicht beschädigt. Mit einer Portion Ruhe und Klarheit hätte sie sich allerdings leichter und früher vom Klagedruck ihres Mannes befreien können.

Beispiel aus dem freundschaftlichen Beziehungsbereich.

Ein Mann beklagte sich seit Jahren über die »Interessenlosigkeit« seiner Partnerin. Konkret meinte er hiermit, dass sie seine

Leidenschaft für klassische Musik und vor allem für Wagner-Opern nicht teilte. Er saß regelmäßig allein in den Aufführungen und kam sich dabei »lächerlich« vor. Er glaubte, die anderen Konzertteilnehmer würden denken, er habe gar keine Frau. An diesem Gedanken zeigte sich, dass seinem Problem ein Selbstwertthema zugrunde lag. Am liebsten wäre ihm, seine Frau würde »ihm zuliebe« neben ihm sitzen. Die dachte aber nicht daran, war aber von seinem Klagen und Nörgeln genervt. Eines Tages nahm sie sich, wie sie sagte, ihn vor und machte ihm unmissverständlich klar: »Solange ich lebe, werde ich in keine Wagner-Oper mehr gehen – ich hasse Wagner – und auch in keine andere. Musicals gern, aber mit der Klassik war es das für mich, ein für alle Mal.« Überraschenderweise stellte der Mann sein Klagen daraufhin ein, er hatte begriffen, dass es sinnlos war. Es fiel ihm ab diesem Zeitpunkt auch leichter, allein in Konzerte zu gehen oder in Begleitung von Freunden oder Freundinnen. Die klare Aussage seiner Frau hatte ihm deutlicher als bisher gezeigt, dass ihre Abneigung gegen Klassik nichts mit seiner Person zu tun hatte.

Klären Sie Bereitschaft

Wie tauchen Klagen konkret auf? Im partnerschaftlichen Bereich mag sich der Mann vielleicht über die von ihm übernommenen Pflichten beklagen. Es wird ihm zu viel, die Kinder vom Kindergarten abzuholen, die Gartenarbeit wächst ihm über den Kopf, sein Teil der Hausarbeit nimmt ihm auch noch den Rest seiner Zeit weg. Im freundschaftlichen Beziehungsbereich mag er darüber jammern, dass die Partnerin seine Hobbys oder Interessen nicht teilt. Im emotional-leidenschaftlichen Bereich mag er sich über zu wenig Sex oder mangelnde Anteilnahme an seinen Sorgen beklagen.

All diese Klagen weisen auf unbestimmte Bedürfnisse hin, die konkretisiert werden sollten. Welches Bedürfnis der Mann nun auch äußert, die Partnerin sollte es würdigen und als sein Bedürfnis anerkennen. »Aha, so ist das. Das hättest du also gern. Jetzt verstehe ich besser, was du eigentlich willst.«

Ein Bedürfnis zu würdigen bedeutet allerdings nicht, sich zu dessen Erfüllung verpflichtet zu fühlen oder verpflichten zu lassen. Die Frau kann und sollte in jedem einzelnen Fall darlegen, wozu sie bereit ist, wofür sie gern da ist und wozu sie sich für »nicht zuständig« hält. Wenn sie so die Grenzen der eigenen Bereitschaft deutlich macht, befreit sie sich aus der romantischen Verpflichtung oder Selbstverpflichtung ihrem Partner alles geben zu müssen.

FAZIT

1. Männern fällt es aus ihrem Rollenverständnis heraus oft schwer, ihre Bedürfnisse klar und direkt anzusprechen. Sie halten sich dann für schwach und werten ihre Bedürfnisse ab.

2. Was sie benötigen, macht sich dann indirekt bemerkbar, etwa indem sie sich über etwas »draußen« in der Welt beklagen oder an der Partnerin herumnörgeln. Solche indirekten Mitteilungen sind auf Dauer schwer zu ertragen. Daher führt kaum ein Weg um eine Konkretisierung herum.

3. Was Sie brauchen, um sich von störenden oder lästigen Klagen zu befreien, ist eine gute Portion Gelassenheit und Klarheit.

MÄNNER, DIE SICH ENTZIEHEN

In einer Paarbeziehung tun sich zwei Individuen zusammen. Das bedeutet: zwei unterschiedliche Menschen mit je eigenen Persönlichkeiten. Ein Ziel – vielleicht ist es das wichtigste dieser besonderen menschlichen Verbindung – besteht darin, sich gegenseitig zu bestätigen. Liebende geben einander zu verstehen: »Du bist gut so, wie du bist.« Mehr noch: »Du bist liebenswert gerade aufgrund deiner Einzigartigkeit.« Jeder Mensch ist auf diese Bestätigung angewiesen, die er nirgendwo sonst in vergleichbar intimer und umfassender Art erhalten kann. Damit sich Partner ihre individuellen Eigenarten bestätigen können, müssen sie sich diese zeigen. Jeder muss den andern einerseits an seinen *eigenen* inneren Vorgängen teilhaben lassen und andererseits auch an *seinen* teilhaben.

Erst diese gegenseitige Teilhabe an Gefühlen, Gedanken, Sehnsüchten, Sexualität und vor allem an den Dingen, an denen die Partner sonst niemanden teilhaben lassen, erschafft die intime Beziehung eines Paares, ihre Liebesbeziehung.

Warum man nicht alles miteinander teilt

Aber bei aller Teilhabe gibt es auch Dinge, die man aus einer Paarbeziehung heraushält und nicht miteinander teilt. Das Nicht-Geteilte bildet die vielen kleinen, wichtigen Geheimnisse, die man schon deshalb für sich behält, weil der Partner dafür höchstwahrscheinlich keine Bestätigung liefern wird.

Warum sollte der Partner wissen, wen man auch noch erotisch findet? Wen man vielleicht für klüger hält? Mit wem man gut über bestimmte Dinge sprechen kann, weil derjenige besser zuhört? Wer einen in bestimmter Hinsicht besser versteht? Warum sollte er davon erfahren, mit wem die sexuelle Verbindung einst vielleicht intensiver war? Mit wie vielen Männern man im Bett war? Oder was auch immer. Es gibt Dinge, die behält man für sich, weil die Beziehung davon unnötig belastet werden würde.

Ein sensibles Gleichgewicht

Insofern erfordert eine Beziehung stets einen gewissen Balanceakt. Einerseits kommt es darauf an, einander am Innersten teilhaben zu lassen. Sonst kann die Beziehungsform »Paar« nicht entstehen. Andererseits braucht jeder auch einen eigenen, vom Partner getrennten inneren Raum, aus dem jener ausgeschlossen ist und zu dem er keinen Zugang erhält. Ansonsten lässt sich das Gefühl, ein eigenständiger Mensch mit einem eigenen Leben zu sein, nur sehr schwer aufrechterhalten. Wenn nun eine Frau bedauert, ihr Mann würde sich ihr ständig »entziehen«, dann deutet diese Klage darauf hin, dass die Balance von Teilhabe und Ausschluss gestört ist. Dann fühlt sich die Frau zu wenig in das Innenleben ihres Partners eingebunden und zu sehr daraus ausgeschlossen. Wahrscheinlich gibt es Bereiche, zu denen sie einst Zugang hatte und die ihr jetzt verschlossen sind.

Woran bemerkt sie das? Möglicherweise erhält sie auf ihre freundliche Frage: »Wie war dein Tag?« immer nur die stereotype Antwort: »Alles okay.« Vielleicht ist er oft allein unterwegs und deutet auf Nachfragen nur an, wo er war. Vielleicht zeigt er auch grundsätzlich wenig Lust, etwas gemeinsam mit seiner Partnerin zu unternehmen. Womöglich sitzen die beiden immer öfter stumm nebeneinander. Die Frau erfährt somit nicht, was ihn tatsächlich bewegt. Mit der Zeit entsteht oder verfestigt sich ihr Gefühl, an seinem (Innen-) Leben kaum mehr teilzuhaben und ihm entfremdet zu sein. Sie nimmt wahr, dass ihr Mann sie emotional fernhält, oder dass er sich emotional von ihr entfernt.

Was steht beim Mann dahinter?

Sich seiner Partnerin zu entziehen bedeutet für den Mann, eine deutlich spürbare innere Distanz zu ihr einzunehmen. Was mögen die Gründe für diesen Rückzug sein?

Er misstraut ihr

Hinter dem Entzug von Mitteilung kann ein Misstrauen des Mannes gegenüber seiner Partnerin stehen. Diese Haltung ihr gegenüber brachte er allerdings schon von Anfang an mit in die Beziehung. Unbewusst befürchtet er, von Frauen kontrolliert zu werden. Diese Gefühle sind nicht selten im Verhältnis zu seiner Mutter entstanden, einer Frau, die er einerseits liebt, von der er lange Zeit abhängig war und vor der er andererseits auch vieles verheimlichte.

Seit ihrer Kindheit steht Liebe für viele Männer in einem Kontext der Enge: Sie haben Angst davor, stark eingegrenzt zu werden. Aus diesem Grund halten sie auch in späteren Beziehungen große Bereiche ihrer Innenwelt verschlossen und teilen sich nicht mit.

Er schützt sich

Nicht wenige Frauen versuchen tatsächlich, an das Innere ihres Mannes heranzukommen, indem sie ihn bedrängen. Sie richten dabei immer wieder entweder indirekte emotionale Erwartungen oder direkte Forderungen an ihn, wodurch sie seine Befürchtungen und Engegefühle nur bestätigen. Freiheit ist für den Mann dann dort, wo seine Partnerin nicht hinkommt und dorthin zieht er sich zum Selbstschutz zurück.

Er ist verletzt

Hinter einem Rückzug kann ebenso eine Verletzung stehen. Womöglich sind bestimmte Erwartungen, über die er oft nicht einmal spricht, unerfüllt. Er fühlt sich abgelehnt und nimmt Abstand. Verletzungen offenzulegen fällt vielen Männern schwer, denn es passt schlecht in ihr Rollenbild, verletzlich zu sein.

Es gibt Differenzen

Wenn sich ein Mann entzieht, kann man auch die Frage stellen, wovor er sich zurückzieht. Vielleicht meidet er eine Auseinandersetzung, zum Beispiel weil er in bestimmten Dingen anderer Meinung ist. Solange die Lage ungeklärt ist, fällt es ihm schwer, sich auf Nähe einzulassen. Eine Klärung führt er aber nicht herbei, weil er die Harmonie nicht stören will oder weil er fürchtet, seiner Partnerin emotional nicht standhalten zu können. So versucht er, die Sache mit sich allein auszumachen.

Typische Fehler der Partnerin

Wenn eine Frau sich darüber beklagt, ihr Partner würde sich ihr ständig entziehen und von ihr zurückziehen, so wird sie immer wieder versuchen, mehr Nähe zu ihrem Mann herbeizuführen. Das geschieht auf unterschiedliche Weise.

Sie bemüht sich

Frauen, die Nähe und vertraute Gespräche in ihrer Beziehung vermissen, tendieren oft dazu, ihrem Partner sehr entgegenzukommen. Womöglich versucht eine Frau in einer solchen Beziehung dann, es ihm besonders »schön« zu machen, oder sie bemüht sich auf andere Weise um seine Zuwendung. Auch damit jedoch setzt sie ihren Mann emotional unter Druck. Ihre nachvollziehbare Erwartung lautet dabei: »Äußere dich, sag' was los ist, gib mir ein Zeichen, wo du stehst.«

Sie versucht ihn »aufzubohren«

Bleibt der Partner trotz andauernder Bemühungen auf Distanz, wird die Frau auf den »Entzug« von Nähe früher oder später mit Enttäuschung und Ärger reagieren. Sie will sich nicht abspeisen lassen und beginnt nachzubohren. Sie drängt ihn zu Äußerungen: »Jetzt sag doch endlich, was du fühlst!« und legt dabei einen bedrohlichen Tonfall in ihre Stimme.

Sie wendet sich ab

Hat sie »alles« getan – was so viel bedeutet, wie alles getan zu haben, was ihr eben eingefallen ist –, so wendet sich die Frau womöglich frustriert von ihrem Partner ab. Sie macht ihrerseits dicht und wendet sich von ihm ab. Damit tut sich eine Kluft zwischen beiden auf, die nicht leicht zu überwinden ist.

Schlüssel und Schloss

Der Mann, der sich ent*zieht*, hat eine Gegenspielerin, die – meist ohne es zu wollen – an ihm *zieht*. Dies entwickelt eine bestimmte Dynamik: Je mehr er sich entzieht, desto stärker zieht sie. Umso mehr hält er dann dagegen und tritt den Rückzug an. Konkret gesprochen fordert sie ihn zur Mitteilung über seine Befindlichkeiten auf. Er aber verweigert ihr die Teilhabe an dem, was ihn innerlich bewegt. Natürlich kann man eine Frau verstehen, die herausfinden will, was sein Rückzug zu bedeuten hat und auch, was sie ihm bedeutet. Seine innere Distanz – ohne sich zu erklären – verunsichern sie, und daher bemüht sie sich um seine Nähe, seine Offenheit. Doch alles Ziehen wird ihr nicht nutzen.

Kleine Anleitung zum besseren Umgang

Bleiben wir im Bild des Ziehens beider Partner an einem Seil. Auf der einen Seite ziehen Sie, auf der anderen entzieht sich Ihr Mann. Wenn Sie sich dieses Bild vergegenwärtigen, wird deutlich, was Sie in solch einem Fall tun können. Sie hören auf zu ziehen und legen das Seil einfach hin. Damit fällt für Ihren Partner der »Zwang« weg, sich gegen den Zug zu stemmen.

Geben Sie Raum

Wenn Sie das Seil aus der Hand gelegt haben, können Sie sich auf die Situation und auf sich selbst besinnen. Es war mehr als mühselig, so den Kontakt zu Ihrem Mann herstellen zu wollen, und auch nicht von Erfolg gekrönt. Am besten geben Sie ihm nun Raum, sich frei von irgendeinem Druck wahrzunehmen – und kümmern sich nur um sich. Das bedeutet, Sie warten nicht mehr darauf, dass sich seine Tür öffnet, sondern haben diese Tür zwar im Blick, tun aber ansonsten andere Dinge, die Ihnen guttun.

Beispiele aus dem Beziehungsalltag

Beispiel aus dem freundschaftlichen Beziehungsbereich:
Bis vor Kurzem hatte das Paar gern miteinander gekocht, jetzt hatte der Mann keine Lust mehr dazu. Sie fand das schade, denn beim Kochen hatten sie sich über vieles ausgetauscht.
Es ärgerte sie zudem, dass er sich nur an den Tisch setzte und nach dem Essen vor seinen Computer verschwand. Sie schaute sich das einige Zeit an, dann stellte sie ihm keinen Teller mehr hin und teilte ihm mit: »Wenn du allein sein willst, dann sei allein.«
Er war bestürzt und behauptete, keine Lust mehr zum Kochen zu haben. Auf ihre Frage: »Wozu hast du dann Lust? Wozu mit mir?« fiel ihm erst einmal nichts ein. Am nächsten Tag nahm er das Gespräch auf und gab ihr recht. Es stimmte, sagte er, er hätte sich von ihr zurückgezogen, weil sie kein Interesse daran hätte, auf seine Sorgen einzugehen. »Sorgen, welche Sorgen?«, fragte sie erstaunt. Er meinte, sie wäre nur an seiner guten Laune interessiert gewesen. Sie begriff nicht, wie er darauf kam. Damit hatten die beiden zu neuen Mitteilungen gefunden und ließen einander am Inneren teilhaben. Das Beispiel zeigt auch, was für viele Männer typisch scheint. Denn obwohl sie sich wünschen, dass etwas gesehen wird, fällt es ihnen schwer, dies zu zeigen. Was sie der Partnerin aber nicht zeigen, kann sie kaum sehen.

Beispiel aus dem emotional-leidenschaftlichen Bereich:
Bei einem Paar war die Sexualität stark zurückgegangen, der Mann zeigte seit geraumer Zeit wenig Interesse an körperlicher

Nähe, worüber sie sich beschwerte. Er drehte sich nachts weg, so dass seine Partnerin nur auf einen Berg Bettzeug und seinen Hinterkopf sah. Auf seine Distanz angesprochen leugnete er diese. Sie schaute sich das ein paar Wochen an, dann zog sie eines Nachts in ein anderes Zimmer.
Dieser Vorfall wurde zur Initialzündung. Es kam zu einem Streit, in dem er zugab, sich von ihr zurückzuziehen. Er habe, so sagte er, keine Lust mehr, die Initiative zu ergreifen. Er liege da und warte, dass sie sexuell auf ihn zukäme, aber das würde nicht geschehen. Auch dies war eine Mitteilung, die seiner Partnerin zu denken gab. Nun, da sie sein Problem kannte, konnte sie sich anders dazu verhalten und sich beispielsweise für seine sexuellen Sehnsüchte interessieren.

Verdeutlichen Sie, was Sie vermissen

Hält Ihr Partner seine Distanz über längere Zeit aufrecht, dann hat er die intime Kommunikation eingestellt, zumindest in bestimmten Bereichen. Konkret bedeutet dies, dass Sie zwar in Ihrer Vorstellung, nicht aber in der Realität über einen Liebespartner verfügen. Diese Diskrepanz ist manchmal schwer auszuhalten.

Sie können Ihrem Mann in einem solchen Fall verdeutlichen, wie viel Ihnen die fehlende Nähe ausmacht. Verdeutlichen meint ganz klar nicht, über ihn zu sprechen, sondern in erster Linie über sich selbst. Wie es für Sie ist, sich in dieser oder jener Hinsicht ohne Partner zu fühlen, was Sie vermissen und wonach Sie sich sehnen. Wenn der Rückzug nicht mehr akzeptable Ausmaße annimmt, können Sie ihm verdeutlichen, dass Sie nicht in einer Beziehung leben möchten, in der Sie sich ohne Antwort fühlen und in der Sie den Eindruck gewinnen, für ihn bedeutungsloser zu werden.

Seien Sie für sich

Liebe ist immer eine freiwillige Zuwendung von einem zum anderen. Sie können Ihren Partner also nicht zu Nähe, die zu großen Teilen aus dem sich gegenseitig Mitteilen besteht, zwingen. Wenn sich Ihr Mann nicht erreichen lässt, bleibt Ihnen aber eine Möglichkeit: Sie können sich so verhalten, als ob Sie ihn nicht allzu sehr bräuchten. Damit ist natürlich nicht ein Abwenden von der Beziehung gemeint, sondern eher eine Art von überschaubarer Beziehungspause. Aus diesem Abstand heraus lässt sich eventuell klarer erkennen, was ihm und Ihnen die Beziehung bedeutet.

FAZIT

1. Wenn der Mann sich entzieht, dann zieht er sich aus der besonderen Nähe zu seiner Partnerin zurück. Er verlässt den intimen Raum, weil es für ihn auf irgendeine Weise unangenehm ist, sich dort aufzuhalten.
2. Die Gründe für seine Distanz mögen unterschiedlicher Art sein und ihm vielleicht nicht zur Gänze bewusst. Solange er seine Frau aber nicht an seinem Inneren teilhaben lässt, verhält er sich nicht als Partner.
3. Wenn er sich als Liebespartner zeigen will, dann hat seine Frau einen Anspruch darauf, dass er sie an seiner Befindlichkeit teilhaben lässt, egal, ob es sich um angenehme oder unangenehme Mitteilungen handelt. Sie kann ihn nicht zur Öffnung zwingen, aber ihre Bereitschaft zur Offenheit signalisieren – und darauf reagieren, wenn diese ausbleibt.

MÄNNER, DIE **ANKLAGEN**

Anklagen gehören zu den weitverbreiteten Kommunikationsformen von Paaren. Das ist wenig verwunderlich. Denn in einer Beziehung sieht man immer mehr den anderen als sich selbst.
So sieht der Partner beispielsweise, was seine Frau tut oder unterlässt und ahnt oder spürt die unangenehmen Auswirkungen dieses Verhaltens auf sich selbst. Daher versucht er auch, bei ihrem Verhalten anzusetzen, um diesen nachteiligen Folgen vorzubeugen. Er ist dann bemüht, die Partnerin in eine defensive Position zu drängen: Sie soll bitte ihr nachteiliges Verhalten einstellen. Damit sie das endlich tut, klagt er sie an.

Eine Anklage ist immer ein emotional motivierter Akt. Ihm geht meist keine Überlegung und auch keine Reflektion des eigenen

Verhaltens voraus. Das bevorzugte Mittel einer Anklage besteht darin, dem anderen sein Verhalten vorzuhalten oder genauer: es ihm vorzuwerfen. Dem Partner wird etwas vor die Füße oder an den Kopf geworfen.

Aggressive Du-Botschaften

Damit erweisen sich Anklagen und die dazu unerlässlichen Vorwürfe als Formen eines aggressiven Verhaltens. Der Satz, mit dem Anklage und Vorwürfe geäußert werden, beginnt stets mit einem »Du!« Ein paar gängige Beispiele:

- Du denkst immer nur an dich.
- Du lässt mich immer warten.
- Du bist nie da, wenn man dich braucht.
- Du bist zu … passiv, ängstlich, ignorant, gleichgültig oder sonst etwas.

Was immer die Partnerin tut, es ist aus der Sicht ihres Gegenüber falsch. Gelingt es, die Frau durch die Anklage in eine defensive Lage zu drängen oder sogar Schuldgefühle bei ihr auszulösen, dann verspricht sich der Anklagende daraus einen Vorteil. Möglicherweise erwartet er eine Entschuldigung oder eine Wiedergutmachung, zumindest aber eine Anpassung an die eigenen Vorstellungen.

Anklagen stellen unabhängig von ihren destruktiven Auswirkungen Versuche dar, etwas Emotionales mitzuteilen. Es macht daher wenig Sinn, sie zu verurteilen, besser versteht man ihren verborgenen Sinn. Was es schwer macht, eine Anklage zu verstehen oder sie gar zu akzeptieren, ist die Tatsache, dass die dahinter liegende Absicht oder Erwartung meist nicht klar erklärt wird. Sie ist somit ein Paradebeispiel indirekter Kommunikation.

Was steht beim Mann dahinter?

Warum kommunizieren Männer, denen man gewöhnlich (und leider oft unberechtigterweise) unterstellt, Dinge direkt und klar und rational ansprechen zu können, auf eine derart indirekte Weise? Weil die Erwartungen eines Mannes hinter seinen Vorwürfen eben nicht rationaler, sondern immer emotionaler Natur sind. Hinter jeder Anklage und jedem Vorwurf, den er seiner Partnerin gegenüber loslässt, verbergen sich körperliche und gefühlsmäßige Bedürfnisse. Da Männer sich aber meist nicht bedürftig fühlen wollen, leugnen sie diese »Schwäche« vor sich und der Partnerin und verbergen sie dafür hinter Vorwürfen.

Er kaschiert etwas

Ein anklagender Mann kaschiert seiner Partnerin gegenüber seine Gefühle, Wünsche und Sehnsüchte wie auch seine körperlichen und emotionalen, erotischen oder sonstigen Bedürfnisse. Darin unterscheidet er sich wenig vom jammernden Mann. Allerdings tritt er im Gegenzug zu diesem aggressiv auf. Diese Aggression muss sich nicht unbedingt in lautstarker Anklage der Partnerin äußern. Sie kann ebenso in einem verächtlichen oder abwertenden Tonfall enthalten sein oder sich hinter Ironie verstecken.

Er ist selbstbezogen

Durch sein offensives Vorgehen stellt sich der Ankläger in den Vordergrund, auch wenn er das selbst vielleicht nicht bemerkt. Die Anklage enthält stets nur das eigene Bedürfnis und sieht von der Partnerin ab. Von seiner Gefühlswelt her glaubt der Mann, einen Anspruch auf die Erfüllung seiner Bedürfnisse zu haben. Weil er diese aber nicht deutlich benennen kann, äußert er lediglich seine Empörung über deren Nichterfüllung.

Typische Fehler der Partnerin

Eine Frau, die zunehmend oder stetig Anklagen und Vorwürfen ausgesetzt ist, kann ziemlich sicher sein, dass sich dahinter »weiche« Seiten ihres Partners verbergen. Allerdings nimmt sie diese meist nicht wahr, weil sie seinen Angriff als ungerecht oder als Grenzüberschreitung empfindet und sich dagegen wehrt. Die beinah automatisch einsetzende Reaktion auf eine Anklage besteht in deren Abwehr und der Selbstverteidigung.

Sie schlägt zurück

Wenn sich die Partnerin in die Defensive gedrängt fühlt, ist sie versucht, es ihm mit gleicher Münze heimzuzahlen. Angriff erscheint dann als beste Verteidigung, und nach einem vermeintlichen oder tatsächlichen Fehlverhalten muss sie nicht lange suchen. Damit entsteht die im Grunde absurde Situation, dass der, der einen Vorwurf bekommt, dies dem anderen vorwirft. Solche gegenseitigen Vorwürfe errichten Fronten und das, worum es eigentlich geht, rückt immer weiter weg. Zudem führen Vorwürfe oft zu Verletzungen, dem großen Gift der Liebe.

Sie verteidigt sich selbst

Wird die Frau von dem Mann angegriffen, den sie liebt, neigt sie oft dazu, sich zu rechtfertigen. Je persönlicher dabei die Anklage verfasst ist, desto stärker fällt ihr Impuls zur Verteidigung aus. Das mag auf der einen Seite verständlich sein, wird aber an den Anklagen des Partners wenig ändern. Einfach schon aus dem Grund, weil auch durch eine Verteidigung auf das hinter der Anklage verdeckte Bedürfnis des Mannes nicht eingegangen wird. Eine massive Form der Verteidigung besteht deshalb im Dichtmachen. Die Frau schweigt und lässt den Mann gegen eine Wand laufen.

Sie beschwichtigt

Tendiert die Partnerin dazu, Auseinandersetzungen aus dem Weg zu gehen oder hat sie sogar Angst vor möglichen Aggressionen ihres Partners, bleibt ihr nur der Weg über die Beschwichtigung. Sie gibt ihm in diesem Fall zu verstehen, dass es ihr leidtut und sie sich künftig anders verhalten wird. Das stimmt natürlich nicht, denn durch dieses scheinbare Entgegenkommen und ihre Versprechungen will sie den Mann lediglich für den Moment besänftigen. Sie wirft sozusagen einen Bumerang, die Vorwürfe und Anklagen werden zielsicher zu ihr zurückkehren.

Schlüssel und Schloss

Die geschilderten Abwehr- und Verteidigungsstrategien weisen darauf hin, welche Kontrahenten sich im Konfliktfall gegenüberstehen oder anders gesagt, wem der anklagende Mann begegnet. Er trifft auf …

- eine Kämpferin, die ihn angreift
- oder eine Schweigerin, die ihn auflaufen lässt
- oder eine Beschwichtigerin, die ihn hinhält.

Ganz gleich ob Kämpferin, Schweigerin oder Beschwichtigerin, in jedem Fall findet der Mann keine Resonanz auf seine Anklagen und erst recht keine Zuwendung zu seinen Bedürfnissen. Daran trägt er selbst natürlich einen großen Anteil. Für seine Frau geht es jedoch darum, nicht länger den Vorwürfen von ihm ausgesetzt zu sein. Daran, dass der Mann seine Anklagen nicht einstellt, hat sie aber ebenfalls großen Anteil. Vorwurf und Abwehr funktionieren auch beim Thema Anklagen immer nach dem Prinzip: »Je mehr der eine dies, desto mehr der andere das.«

Kleine Anleitung zum besseren Umgang

Abwehr und Verteidigung animieren den Mann dazu, die Frau noch verzweifelter anzugreifen. Eine Lösung für sie ergibt sich aus dem glatten Gegenteil dieser Strategien: aus der Zuwendung. Damit ist allerdings nicht gemeint, dem Mann recht zu geben, seinen Anklagen Folge zu leisten und sich seinem Willen unterzuordnen. Es geht um zweierlei: einerseits um die Zuwendung zum versteckten Bedürfnis und andererseits darum, eine Position diesem Bedürfnis gegenüber zu beziehen.

Akzeptieren Sie den Angriff

Zuwendung beginnt damit, eine Anklage zu akzeptieren. Diese Akzeptanz sollte sich aber nicht auf den Inhalt des Angriffs beziehen, sondern allein auf die Tatsache, angeklagt zu werden. Im Sinne eines schlicht feststellenden: »Aha, du greifst mich an; auf indirekte Art und Weise. Also gut – mal sehen, was du mir sagen willst.« Auf die Akzeptanz sollte keine Abwehr und Rechtfertigung folgen, vielmehr sollten Sie Ihren Mann auffordern, sich klarer zu äußern. Das geschieht am besten durch die einfache und ernst gemeinte Frage: »Was willst du mir damit (mit dem Vorwurf) eigentlich sagen?«

Da der Mann in seiner emotionalen Rage meist nicht erkennt, was er eigentlich von seiner Partnerin will, kann ihn diese Frage darauf stoßen. Es ist klar, dass ihm eine solche Frage nicht recht ist, und daher brauchen Sie Geduld, Ausdauer und Offenheit, bis eine brauchbare Antwort von ihm kommt. Diese ist es dann, wenn sie offenlegt, was der Mann ersehnt.

Wenden Sie die »Was-willst-du-mir-eigentlich-damit-sagen?«-Frage konsequent an. Das erfordert mitunter, sie fünf oder zehnmal hintereinander oder noch öfter zu stellen. Gelingt es Ihnen, die Ungeduld Ihres Mannes zu ertragen, ohne sich dabei aus der Ruhe und aus der Spur bringen zu lassen, wandelt sich sein Vorwurf schließlich in eine Selbstoffenbarung. Aus: »Du interessierst dich nicht für mich!« wird dann: »Ich fühle mich allein gelassen«, oder: »Mir fehlt die Nähe zu dir«. In diesem Fall haben Sie dann endlich herausgefunden, was Ihr Mann Ihnen über seine Befindlichkeit und Bedürfnislage mitteilen will. Dadurch ist eine bessere Ausgangslage für den weiteren Kontakt miteinander gefunden.

Geben Sie es zu

Eine gute Strategie, sich Rechtfertigungen und Selbstverteidigung zu ersparen, besteht darin, dem anderen gegenüber zuzugeben, was an einem Vorwurf stimmt. Ich möchte betonen, dass an einem Vorwurf immer *etwas* Wahres dran ist. Allerdings ist nicht der Vorwurf als solcher wahr, sondern nur ein bestimmter – mehr oder weniger bedeutsamer – Teil davon.

Lautet ein Vorwurf etwa »Immer lässt du mich warten«, dann stachelt der Konter »Du bist doch auch nicht pünktlicher« den Mann zu weiteren Vorwürfen an. Sie können die Luft aus den Angriffen nehmen, indem Sie beispielsweise zugeben: »Ja, das kommt vor, ich lasse dich tatsächlich manchmal warten.«

Es geht beim Zugeben einzig darum, dem anderen gegenüber seine Zustimmung dahingehend zu signalisieren, *wie* wahr ein Vorwurf ist. Auf die Anklage »Nie hörst du mir zu« ist es besser, statt mit »So ein Unsinn« mit einer Zustimmung zu antworten: »Ja stimmt, ich bin gerade mit etwas anderem beschäftigt – was willst du mir denn sagen?« Hat Ihr Mann seine Anklage daraufhin eingestellt, weil er sich besser verstanden fühlt, können Sie immer noch entscheiden, wie Sie sich weiter verhalten möchten. Das geschieht, indem Sie sich dem deutlich gewordenen Bedürfnis Ihres Partners gegenüber positionieren.

Seien Sie klar

Erst wenn Ihr Mann ein Bedürfnis geäußert und Sie es verstanden haben, können Sie sich damit befassen, ob Sie es erfüllen wollen. Die Bereitschaft zur Erfüllung hängt oft davon ab, ob sein Bedürfnis sich mit dem Ihren deckt, oder ob die Bedürfnisse unterschiedlich sind. Im Falle unterschiedlicher Bedürfnisse bleibt Ihnen nur die Frage, wie Sie mit dieser Verschiedenheit umgehen wollen. Auch hier lassen sich leichter Lösungen finden, wenn auf Anklagen und Rechtfertigungen verzichtet wird.

Beispiele aus dem Beziehungsalltag

Beispiel aus dem partnerschaftlichen Bereich:

Das Paar stritt sich oft, vor allem wenn er Essen machte. Er klagte seine Frau an: »Du mischst dich ständig ein«, woraufhin sie sich damit rechtfertigte, besser kochen zu können als er. Der Mann drohte nun, nichts mehr zu machen, was sie zum Einlenken brachte. Auf ihre Frage: »Was stört dich denn?« erhielt sie nur die Aussage: »Dass du dich einmischst.« Erst als sie fragte: »Was möchtest du denn? Soll ich gar nichts sagen?« klärte sich die Sache. Der Mann wollte seine eigenen Kocherfahrungen machen. Er wünschte sich, dass sie sich heraushielt, bis er sie etwas fragte.

Beispiel aus dem freundschaftlichen Bereich:

Der Mann warf seiner Freundin vor: »Du interessierst dich nicht für mich.« Solange sie diesen Vorwurf wörtlich nahm, wehrte sie sich dagegen: »Wenn ich mich nicht für dich interessieren würde, wäre ich wohl kaum mit dir zusammen.« Der Vorwurf des Mannes zeigt deutlich die emotionale Komponente in vielen Anklagen. Er verallgemeinert. Ebenso könnte er sagen: »Du interessierst dich nie für mich als Person.« Das wäre natürlich absurd. Die Frau bekam die Kurve und wandte sich ihm zu. Sie fragte: »Wofür soll ich mich denn interessieren?« Der Mann wünschte sich, dass sie sein Interesse für klassische Musik teile, sie aber mochte diese Musikform nicht. Es blieb ihr nur, ihm recht zu geben, allerdings nicht in Bezug auf den Vorwurf: »Du hast recht, ich interessiere mich nicht für Klassik, so wie du dich nicht für Pop interessierst; und ich glaube nicht, dass ich mich jemals dafür erwärmen werde.« Darüber hinaus fragte sie ihren Partner: »Vermisst du sonst etwas mit mir?«, worauf dieser verneinte und erkannte: »Dieses Hobby muss ich wohl alleine pflegen.«

Beispiel aus dem emotional-leidenschaftlichen Bereich:
Der Mann war mit dem erotischen Kontakt zu seiner Partnerin unzufrieden. Er klagte sie an: »Du bist einfach zu verklemmt.« Sie war schockiert und wollte wissen, was ihm fehlt, aber er fuhr mit seiner Anklage fort: »Das müsstest du eigentlich wissen.« Die Frau kam mit der Situation nicht klar und suchte eine Beratung auf. Dort klärte sie ihre Haltung gegenüber diesen Anklagen. Dann konfrontierte sie den Partner mit eindeutiger Klarheit. Sie sagte: »Ich sehe, dass du unzufrieden bist. Du sagst mir nicht, was du dir wünschst, stattdessen klagst du mich an. Vielleicht bist du selbst zu verklemmt, um es zu sagen. Ich jedenfalls werde nicht mit dir schlafen, bis dieses Thema geklärt ist.« Der Mann reagierte perplex. Dann kam die Sache nach einigen Tagen in Bewegung, indem er sich mehr mitteilte als je zuvor.

FAZIT

1. Bei Anklagen und Vorwürfen handelt es sich immer um Formen von indirekter Kommunikation.

2. Diese führen selten zu einer fruchtbaren Auseinandersetzung, vielmehr bringen sie Streit und Verletzungen hervor. Dennoch stellen sie – wenn auch ungeschickte – Versuche der Mitteilung eigener Bedürfnisse dar.

3. Wenn Sie diesen Aspekt im Hinterkopf behalten, können Sie die Anklagen nutzen, um zu erfahren, was Ihrem Partner fehlt, wonach er sich sehnt und was er Ihnen eigentlich damit mitteilen will. Zu diesen konkreten Bedürfnissen können Sie sich dann besser verhalten.

MÄNNER, DIE **RESPEKTLOS SIND**

Jemanden zu respektieren bedeutet, ihn zu sehen und so zu lassen, wie er ist. Eine derartige gegenseitige Rücksichtnahme und Anerkennung ist Voraussetzung für potenzielle Partner, sich näher aufeinander einzulassen. Anfangs zeigen Partner eine hohe Empfindsamkeit bezüglich der Eigenarten des anderen.

Das Eis ist noch dünn. Sobald es knackt, gehen sie lieber einen Schritt zurück, anstatt zu riskieren, abgelehnt zu werden. Entdecken sie beim anderen etwas, das ihnen merkwürdig oder albern erscheint, finden sie etwas überflüssig oder nervig, so nehmen sie es nicht sehr ernst oder einfach hin.

Mit der sich allmählich entwickelnden Vertrautheit fühlen sich die Partner sicherer. Das Eis scheint zu tragen, jetzt können sie sich auch kritische Blicke leisten. Sahen beide anfangs nur das, was sie dem anderen lassen konnten, entdecken sie jetzt Seiten an ihm, die sie nicht respektieren wollen. Sie bemerken dabei nicht nur Unliebsames, sondern kritisieren die Partnerin dafür und greifen sie an: Sie raucht zu viel, ist zu lange im Bad, macht zu wenig Sport, soll die Fernbedienung rausrücken, soll nicht so viel Zeug kaufen. Ob die Kritik in einem mehr oder weniger akzeptablen Ton vorgetragen wird, spielt keine große Rolle. Denn im Grunde sagt der respektlose Mann: »Mir passt nicht, was du tust, denkst, fühlst – du sollst gefälligst anders sein!«

Respekt bedeutet Rücksicht

Das Thema von Respekt heißt Achtung beziehungsweise Missachtung. Respektlosigkeit bedeutet, an bestimmten Punkten keine Rücksicht auf die Partnerin zu nehmen, nicht zu sehen oder nicht anzuerkennen, wie sie ist. Warum nun fällt es einem Mann mitunter schwer, ihre Eigenarten zu respektieren? Respektlosigkeit drückt immer eine Enttäuschung darüber aus, dass der andere nicht so ist, wie man sich ihn oder sie vorgestellt hat. Diese kann auf Dauer so groß sein, dass sie sich in Abwertungen und Beleidigungen äußert. Dann entgleist er in verletzenden Bemerkungen wie: »Denk nach, bevor du den Mund aufmachst«, oder er schlägt unter die Gürtellinie: »Wenn Dummheit wehtäte, würdest du den ganzen Tag schreien.« Erlebt eine Frau ihren Mann als respektlos, nimmt er sich zu viel heraus. Klopfte er anfangs vorsichtig an, wenn er das Innere der Partnerin betreten wollte, »latscht« er jetzt wie selbstverständlich durch den Innenraum ihrer Psyche und lädt dort Müll in Form von Missbilligungen oder Abwertungen ab. Das Bild vom ungefragten Betreten des inneren Raumes weist auf das Kernthema hin: Es stellt eine Grenzüberschreitung dar, einen Eingriff in die Persönlichkeit.

Was steht beim Mann dahinter?

Was kann die Rücksicht eines Mannes auf seine Frau vereiteln? Welche Motive können ihm dabei im Wege stehen?

Er ist selbstbezogen

Womöglich hat der Mann kein Gefühl für die Grenze seiner Partnerin. Seit ihren Anfangszeiten als Paar glaubt er, dass alles, was ihr gehört, auch ihm gehöre. Dazu gehören auch ihr Verhalten, ihre Gedanken und Gefühle. Wenn sie nicht zu ihm passen, liegt die Partnerin falsch und er will sie sich anpassen.

Er ist frustriert

Möglicherweise hat ein Mann auch eine geringe Frustrationstoleranz. Entdeckt er, dass seine Partnerin in einer bestimmten Weise anders ist, fühlt er sich getäuscht und allein gelassen. Sein geringer Selbstwert hält diese Enttäuschung schlecht aus und er reagiert mitunter aggressiv auf ihr Anderssein.

Er hat Angst

Manchmal verachten Männer an ihren Frauen Eigenschaften, die sie für sich selbst schlecht zulassen können. Wenn sie beispielsweise lange telefoniert, sieht er darin keine Kontaktpflege, sondern wirft ihr »Geschwätz« vor. Wenn sie auf ihre Gesundheit achtet, wirft er ihr vor, »schwach« zu sein. Dass es ihm selbst guttäte, Kontakte zu pflegen oder auf seinen Körper zu achten, lehnt er ab, deshalb kann er sie nicht dafür achten.

Er ist hilflos

Möglich ist auch, dass der Mann sich selbst in gewissen Bereichen nicht geachtet fühlt und daher seiner Partnerin im Gegenzug auch weniger Achtung zollen möchte. In dem Fall würde eine von ihm empfundene Verletzung seiner Grenzen durch eine Grenzverletzung seinerseits geahndet. Er versucht auf diese Weise, Selbstachtung aus der Missachtung seiner Partnerin zu gewinnen. Ihre Schwäche wäre dann seine Stärke.

Typische Fehler der Partnerin

Frauen, die ihren Partner als respektlos empfinden, fühlen bestimmte Grenzen nicht gewahrt. Beim Versuch, diese zu behaupten, greifen sie manchmal auf wenig effektive Mittel zurück.

Sie kämpft um Respekt

Am einfachsten erscheint es, wenn der Partner sein respektvolles Verhalten aus der Anfangszeit der Beziehung fortführen würde. Dann bräuchte sie ihre Souveränität nicht aktiv zu wahren, weil sie nicht angegriffen würde. Manche Frauen wollen eine Auseinandersetzung mit dem Partner umgehen, indem sie sich an seine edle Seite wenden. Sie bitten um Respekt oder weisen – im Extremfall durch Weinen – auf die Grenzverletzungen hin, die sie durch das Verhalten des Partners erleiden. Bitten und Weinen stellen anstrengende Formen des Kampfes um Respekt dar. Sie sind wenig effektiv, weil sie es dem Partner überlassen, ob er auf die Wünsche seiner Partnerin eingeht oder nicht. Der Mann erlebt eine hilflose Partnerin und kein Gegenüber auf Augenhöhe.

Sie lässt die Tür offen

Wenn ein Mann einfach in den Innenraum seiner Partnerin spazieren und sich dort schlecht benehmen kann, dann hat die Tür für ihn offen gestanden. Auch in diesem Fall hat er kein Gegenüber auf Augenhöhe, das in der Lage wäre, ihn zu stoppen.

Sie wendet sich ab

Vielleicht weiß der Partner nicht einmal, ab wann er zu weit geht, wo also genau die Grenze seiner Partnerin verläuft. Ihre schließlich zu spät einsetzende Reaktion hält er jedenfalls für überzogen. Sein Unverständnis löst bei ihr Trotz oder den Impuls aus, die Beziehung zu verlassen, weil sie sich in ihrem eigenen (inneren) Raum nicht sicher fühlen kann.

Schlüssel und Schloss

Der respektlose Mann überschreitet Grenzen. Sein Verhalten ist nicht identisch mit dem eines dominanten Partners, der in bestimmten Bereichen die Kontrolle ausüben will. Der Respektlose ist vielmehr Opfer emotionaler Impulse, die er schlecht kontrollieren kann. Ihm gegenüber befindet sich eine Frau, deren innere Tür offen steht, die Grenzübertritte erlaubt, die stillhält oder dichtmacht. Diese Partnerin hat dem respektlosen Verhalten nichts entgegenzusetzen, das den Mann stoppen könnte.

Es klingt vielleicht hart, aber im Grunde erlaubt sie das respektlose Verhalten, zumindest aus Sicht des Mannes. Er muss kaum direkte Konsequenzen aus seinem Verhalten befürchten. Seine Partnerin lässt den Grenzübertritt ein ums andere Mal zu, sie gibt ihm immer wieder eine Chance dazu. Je mehr sie hinnimmt, desto mehr nimmt er sich heraus.

Kleine Anleitung zum besseren Umgang

Was bedeutet eigentlich Respekt? Respekt sagt: »Ich sehe, dass du ein eigener Mensch mit eigenen Vorlieben, Abneigungen und Gewohnheiten bist, ich achte diese – auch wenn sie mir nicht passen.« Ein Verhalten an der Partnerin zu akzeptieren, das nicht stört, stellt keine Leistung dar. Respekt zeigt sich in der Achtung dessen, was an der Partnerin *nicht* gefällt. Eine Frau, der bewusst ist, dass sie auch für das Respekt verdient, was dem Partner nicht passt und was er nicht leiden kann, wird nicht um Respekt kämpfen, sie wird ihn wie selbstverständlich erwarten. Sie zeigt sich als selbstbewusste Frau – eine Frau auf Augenhöhe.

Reden Sie Tacheles

Eine Frau, die sich auf Augenhöhe mit dem Partner befindet, kann Tacheles mit ihm reden. Sie sagt in aller Ruhe und Bestimmtheit Sätze wie: »Es braucht dir nicht zu gefallen, du musst es auch nicht mögen, aber ich erwarte, dass du es respektierst.« »Ansonsten?« »Ansonsten brauche ich mir das (und dich) nicht anzutun.«

Eine gute Möglichkeit, die unverzichtbare Bedeutung individueller Eigenarten klarzumachen, besteht darin, deren Unverzichtbarkeit zu betonen. Etwa mit der Aussage: »Damit wirst du leben müssen – ich werde darauf nicht verzichten!«

Machen Sie Grenzen spürbar

Manche Frau beklagt sich darüber, dass sie ihrem Partner doch schon so oft gesagt hat, dass sie sich von ihm nicht respektiert fühlt. Doch offenbar reicht diese Ansage bei Männern nicht immer aus, zumal sie offenbar ständig und wirkungslos wiederholt wird. Ob Sie also von ihren Grenzen sprechen oder ob Sie Ihren Partner Ihre Grenzen tatsächlich auch spüren lassen, das ist zweierlei. Doch wie kann Ihr Mann nun spüren, dass er zu weit gegangen ist?

Er kann das nur an Ihrem Verhalten ablesen. Daran, dass Sie ernst machen mit der Ankündigung: »Das brauche ich nicht, das muss ich mir nicht antun.« Spüren wird Ihr Mann, was sein Verhalten auslöst, beispielsweise dann, wenn Sie sich von ihm abwenden. Wenn Sie zeigen, dass eine Beziehung, in der Sie keinen Respekt empfinden, zunehmend uninteressant für Sie wird. Indem Sie ihn spüren lassen, dass es etwas Wichtigeres gibt, als die Beziehung zu ihm: die Beziehung zu sich selbst, die Selbstachtung.

Bringen Sie das Thema auf den Tisch

Respektlosigkeit kommt vor, vor allem in Liebesbeziehungen, in denen sich zwei Menschen sehr nahestehen und schwierige Emotionen manchmal für Momente das Kommando übernehmen. Dauerhafte Respektlosigkeit erfordert indessen, sie zum Thema zu machen. Der Mann soll wissen, was auf ihn zukommt: eine Distanzierung und am Ende eine Trennung.

Wenn Sie thematisieren, wie Sie sich manchmal von Ihrem Partner behandelt fühlen und dass für Sie eine Beziehung, in der Sie mit Ihren Eigenarten und Besonderheiten immer abgewertet werden, nicht in Frage kommt, so wird Ihr Mann in den allermeisten Fällen erschrecken und erkennen, was er da tut.

Wenn sich dann die Möglichkeit ergibt, das Thema zu einem gemeinsamen Thema zu machen, also herauszufinden, wo Sie sich und wo er sich nicht respektiert fühlen, kann der Austausch allerdings fruchtbar werden.

Beispiele aus dem Beziehungsalltag

Respekt zwischen zwei Partnern ist manchmal eine Sache von Kleinigkeiten. Die persönlichen Grenzen von Mann und Frau liegen hierbei in verschiedenen Bereichen und dort mal näher bei der jeweiligen Person oder auch weiter weg.

Ein Beispiel aus dem partnerschaftlichen Bereich:
Das Paar hatte ein Auto, das hauptsächlich für Freizeitzwecke genutzt wurde. Der Mann nahm – entgegen einer vorher erfolgten gemeinsamen Absprache mit seiner Partnerin – den Hund der beiden oft auf den Autositzen anstatt im Gepäckraum im Heck mit, wenn er mit diesem zum Joggen fuhr.
Sie hatte, wenn sie dann danach das Auto benutzte, regelmäßig Hundehaare an ihrer Kleidung. Also reagierte sie verärgert und fühlte sich von ihrem Mann nicht respektiert. Doch weder Bitten noch Forderungen ihrerseits hatten ihn bisher dazu gebracht, sich konsequent an sein Versprechen zu halten. Stattdessen sagte er, ihm täte der Hund so leid, der im Gepäckraum immer so winseln würde und die paar Haare wären doch nicht schlimm. Die Frau kündigte ihm also eines Tages den Vertrag. Sie stieg nicht mehr in das Auto ein mit der Begründung, er würde es wie sein eigenes und nicht das gemeinsame Fahrzeug behandeln. Da könne er auch alleine fahren. Ihr Partner nahm das zunächst nicht ernst, stellte aber fest, dass sie ihre Ankündigung durchzog. Schließlich lenkte er ein, obwohl er ihre Empfindlichkeit »überhaupt nicht gut fand.« Sie machte ihm klar: »Du musst das nicht gut finden. Es reicht, wenn du es respektierst.«

Ein Beispiel aus dem freundschaftlichen Beziehungsbereich:
Der Mann und die Frau waren erst seit einigen Monaten zusammen und besuchten jetzt einen Tanzkurs. Dabei gerieten sie regelmäßig in spannungsgeladene Situationen, weil er sich über ihre angeblich fehlende Konzentration aufregte und sie dann wütend anfuhr. Trotz mehrerer Bitten von ihr sich im Ton zu mäßigen, ließ er sich seiner Partnerin gegenüber gehen. Am vierten Abend

drehte sie sich mitten im Unterricht um und ging wortlos hinaus. Er stand nur da. Später zuhause warf er ihr vor, sie hätte ihn »vor allen anderen dumm dastehen lassen.«
Daraufhin erklärte sie ihm: »Dann weißt du ja jetzt, wie das ist. Mir ging es jedes Mal so, wenn du mich angefahren hast.« Der Mann verstand und versprach Besserung. Sie sollte den Kurs mit ihm zu Ende machen. Das lehnte sie ab: »Ich habe es nicht nötig, mich anschnauzen zu lassen. Mach du alleine weiter, ich suche mir einen anderen Tanzpartner.« Der Mann war platt, er fand seinen Ärger nicht so schlimm. Sie blieb dabei: »Für mich ist es schlimm, so respektlos behandelt zu werden. Ich gestatte das niemandem, auch dir nicht.«

Ein Beispiel aus dem emotional-leidenschaftlichen Bereich:
Es ging um die Sexualität des Paares. Der Frau war es unangenehm, beim Sex an der Klitoris berührt zu werden. Der Mann hingegen mochte das sehr und versuchte es jedes Mal, wenn die beiden im Bett zusammen waren. Sie nahm dann seine Hand weg, er versuchte es erneut und dann gingen die Diskussionen los. Beides empfand sie als übergriffig. Eines Abends, als das übliche Spiel begann, verließ sie das Bett und erklärte ihm, dass es so für sie nicht weiterging. Entweder er respektiere ihre Empfindlichkeit oder sie hätte keinen Sex mehr mit ihm. Darüber hinaus wollte sie wissen, warum es für ihn so wichtig sei, sie an einer Stelle ihres Körpers anzufassen, wo sie dies ausdrücklich nicht mochte. Er erwiderte darauf, ihr Verbot gäbe ihm das Gefühl, sie nicht erregen zu können. Dabei fühle er sich unmännlich und von ihr abgelehnt. Sie verstand dies, fragte ihn aber: »Ist es männlicher für dich, mein Nein zu ignorieren?«

FAZIT

1. Die Klage: »Mein Partner respektiert mich nicht«, bedeutet im Grunde: »Er sieht mich nicht.« Der Mann sieht nicht, was seine Partnerin stört, was ihr sein Verhalten ausmacht und welche Bedeutung es für sie hat.

2. Grundsätzlich bedeutet respektloses Verhalten eine Herabsetzung der Partnerin. Damit der Mann dies aber sehen und spüren kann, müssen Sie sich ihm zeigen – als eine Partnerin auf Augenhöhe, die sich sein als von Ihnen respektlos empfundenes Verhalten nicht zumutet.

3. Respekt bekommt eine Partnerin nicht in jedem Fall und auch nicht durchgängig erwiesen. Respekt verschaffen Sie sich, wenn nötig, indem Sie Grenzen deutlich machen. Dazu ist weder Anstrengung noch Aggression nötig. Klarheit allein genügt. Und Konsequenz.

MÄNNER, DIE **VERLETZEN**

Lernen sich zwei potenzielle Partner kennen, bewegen sie sich mit hoher Aufmerksamkeit auf dem noch rutschigen Boden ihrer beginnenden Beziehung. Dabei zeigen sie ein bemerkenswertes Gespür für die Verletzbarkeit des Gegenübers und, sollte es einmal zu Verletzungen kommen, ein großes Verständnis für die Empfindungen des anderen.

Die Haltung, aus der heraus sie das Thema Verletzung handhaben, lautet *Behutsamkeit*. Die Partner gehen mit den Eigenarten des anderen um wie mit rohen Eiern oder wie mit einem Neugeborenen. Gleichzeitig sind sie schnell dabei, sich bei erlittener Verletzung zurückzuziehen, in eine sichere Distanz zu begeben, womit sie den Partner zu einer Entschuldigung und zu größerer

Vorsicht auffordern. Daher geschehen in den ersten Monaten und manchmal Jahren relativ wenige Verletzungen.

Im Laufe der Zeit wird eine Beziehung allerdings anfälliger dafür. Je mehr Vertrautheit sich bildet und je größere Differenzen hervortreten, desto ungehemmter agieren beide Partner. Dennoch wird keiner dem andern absichtlich wehtun wollen, außer bei schweren Beziehungskämpfen. Unabhängig von besten Absichten kann es aber jederzeit zu Verletzungen kommen. Mehr noch, es wird früher oder später mit hoher Sicherheit dazu kommen. Verletzungen sind letzten Endes unvermeidlich. Um das nachzuvollziehen gilt es, einiges darüber zu wissen.

Wie es zu den Verletzungen kommt

Normalerweise führt man eine Verletzung auf einen aggressiven Akt eines Partners zurück. Er tut oder sagt etwas, das dem anderen wehtut. Dass es diesen schmerzt, liegt scheinbar allein am Akteur, er ist der Verursacher. Es kann allerdings sein, dass der Partner mit der gleichen Handlung an einem Tag eine Verletzung hervorruft und an einem anderen gar nicht. Nehmen wir zum Beispiel einen Mann, der von der Arbeit nach Hause kommt und seiner Frau keinen Begrüßungskuss gibt. Je nach Zustand seiner Partnerin wird sie das an einem Tag kränken, an einem anderen Tag bemerkt sie es vielleicht gar nicht. Ob sie verletzt sein wird oder nicht, hängt allein davon ab, ob sie einen Begrüßungskuss erwartet oder nicht. Hierin liegt der ausschlaggebende Punkt bei allen psychischen Verletzungen: ohne eine entsprechende Erwartung tritt keine Kränkung ein.

Eine Verletzung bedarf demnach immer bestimmter Bedingungen auf beiden Seiten der Beteiligten, sie kann nicht allein nur durch ein Verhalten hervorgerufen werden. Es braucht auf der einen Seite eine bewusste oder unbewusste Erwartung, auf der anderen ein absichtliches oder unabsichtliches Verhalten, das diese Erwartung bricht. Hält man sich jetzt noch vor Augen, dass kein Partner sämtliche Erwartungen des anderen kennt, dann ist vollends nachvollziehbar, wieso Verletzungen unvermeidlich sind.

Ohne Erwartungen keine Verletzungen

Natürlich glauben Mann und Frau, sie würden ihr Gegenüber kennen und wüssten, was dieser positiv oder negativ – in Form von Befürchtungen – erwartet. Aber das ist eine schöne Illusion, denn nicht einmal der Betreffende selbst kennt alle seine Erwartungen. Viele sind unbewusst und werden erst im Laufe der Jahre deutlich, oder es entstehen neue, von denen man schon aus diesem Grund vorher nichts wissen konnte.

Der Mechanismus von Erwartung und Verletzung wirkt für den Fall, dass eine Erwartung gebrochen wird, also ziemlich zuverlässig. Und wenn sich eine Frau wiederholt verletzt fühlt, dann kann man davon ausgehen, dass ihre Erwartungen in bestimmten Bereichen oder in Bezug auf bestimmte Themen immer wieder enttäuscht oder gebrochen werden.

Was steht beim Mann dahinter?

Was bringt einen Mann dazu, seine Partnerin immer wieder zu verletzen, und wieso bemerkt er dies oft nicht? Schauen wir uns einige Hintergründe dazu an.

Er ist arglos

Im besten Fall kann es sein, dass ein Mann seine Partnerin verletzt, weil er ihre Erwartungen einfach nicht wahrnimmt. So ist es bei einem Paar geschehen, das noch nicht sehr lange zusammen war. Wenn die beiden in ein Restaurant gingen, hat er ihr nie die Tür aufgehalten. Sie fühlte sich verletzt, obwohl sie vom Verstand her sagte, dass sie auf dieses traditionelle Verhalten nicht angewiesen wäre. Die Verletzung, die in diesem Fall eine gelinde war, fand auf der Ebene unbewusster Erwartungen statt, also auf emotionaler Ebene. Das Beispiel zeigt auch, dass unbewusste Erwartungen erst deutlich werden können, indem sie nicht eingehalten werden. Es kann also durchaus sein, dass ein Partner keine Ahnung davon hat, dass ein bestimmtes Verhalten Verletzungen hervorruft.

Er ist feige

Auch für den Fall, dass ein Mann die Erwartungen seiner Partnerin kennt, liegen Verletzungen oft nicht fern. Dann nämlich, wenn er sich nicht traut klarzumachen, welche Erwartungen er erfüllen möchte und welche nicht. Um Sie – und vor allem sich – zu schonen, geht er scheinbar auf Erwartungen ein, bleibt aber deren Erfüllung schuldig. Damit wird auf Dauer vor allem eine besonders wichtige Erwartung gebrochen: die Erwartung der Verlässlichkeit. Paradoxerweise kommt es hier zur Verletzung, weil der Mann seine Partnerin nicht verletzen möchte.

Er ist enttäuscht

Selbstverständlich gibt es auch die Möglichkeit, dass ein Mann seine Partnerin verletzt, weil er sich selbst gekränkt fühlt. Seinem Verhalten liegt dann ebenfalls eine gebrochene Erwartung und Enttäuschung zugrunde, weswegen sich sein Mitgefühl für ihre Verletzung in Grenzen hält.

Er ist willkürlich

Eine weitere Möglichkeit besteht darin, dass sich der Mann seines verletzenden Verhaltens bewusst ist, es aber für notwendig hält.

Womöglich fühlt er sich in die Ecke gedrängt und »schlägt zu«, um sich Luft zu verschaffen. Er hält es nicht für tragisch, seiner Partnerin durch ruppige Abgrenzung und aggressives Verhalten wehzutun, nach dem Motto: »Es wird schon nicht so schlimm sein.« Bei dieser und anderen Formen der Härte kann man davon ausgehen, dass er sich gegenwärtig selbst verletzt fühlt, wobei seine heftige Reaktion unter Umständen auf längst vergangenen Ereignissen, beispielsweise solchen aus seiner Kindheit, beruht.

Typische Fehler der Partnerin

Niemand wird gern verletzt. Doch beim Versuch, sich davor zu schützen, können Fehler geschehen.

Sie hält es aus

Viele Frauen spüren die Hilflosigkeit, die hinter dem verletzenden Verhalten ihres Partners liegt. Daher haben sie oft Verständnis für ihn und nehmen ihn vor anderen und auch vor sich selbst in Schutz. Sie schlucken manch bittere Pille und versuchen auf diese Weise, ihre Liebe durch bloßes Aushalten zu zeigen. Dahinter steht natürlich auch die Angst, die Liebe des Partners zu verlieren.

Sie verschließt sich

Schlucken und Aushalten bleiben nicht ohne Folgen. Wer glaubt, etwas aushalten zu müssen, wird zugleich versuchen, sich bestmöglich zu schützen. Dazu eignet sich das Verschließen. Verschlossen wird nicht nur der Mund, sondern auch das Herz. Die Frau hört auf, sich in bestimmter Hinsicht mitzuteilen, vor allem, was ihre empfindsamen Seiten angeht. Damit verbirgt sie sich – zumindest teilweise – vor dem Partner. Mit dem Verschließen geht Intimität verloren, und daher nimmt sich die Frau auch selbst etwas.

Sie schlägt zurück

Auf eine Verletzung wird schnell mit einer solchen geantwortet. Dieses Zurückschlagen ist wenig hilfreich, weil es eine Dynamik in Gang setzt, aus der die Partner nur noch schwer aussteigen können. So ist die Frau in diesem Fall auch davon überzeugt, dass sie ihn nur verletzt, weil er sie verletzt. Solche Selbstbehauptungsversuche allerdings verschlimmern die Lage.

Sie zieht sich stumm zurück

Wird das Thema Verletzung nicht bewältigt, bleibt am Ende nur der emotionale Rückzug. Dieser bedeutet, emotional und meist auch körperlich Distanz zum Mann zu schaffen. Das Ausmaß eines Rückzugs mag der Frau selbst nicht in aller Bedeutung bewusst sein, aber es kommt vor, dass sie längst aufgehört hat, sich als Liebespartnerin zu fühlen, auch wenn es äußerliche Gründe geben mag, in der Beziehung noch mitzuspielen.

Schlüssel und Schloss

Wie hängen verletzendes Verhalten eines Mannes und das Verletztwerden seiner Partnerin zusammen? Dies wird verständlich, wenn man hinter dem verletzenden Verhalten nicht böse Absicht, sondern Hilflosigkeit vermutet.

So merkwürdig es klingen mag, aber der verletzende Mann sucht auf diese verquere Weise Kontakt. Damit ist nicht Harmonie und kuschelige Nähe gemeint. Er sucht vielmehr ein gleich starkes Gegenüber. Jemand, der auf ihn antwortet und der Grenzen zieht. Anders ausgedrückt: Weil der Mann bestimmte seiner eigenen Gefühle selbst nicht begrenzen kann (etwa seine Wut, seine Angst, seine Enttäuschung), fordert er seine Partnerin dazu heraus, diese Aufgabe zu übernehmen.

Durch Schlucken, Verschließen, Zurückschlagen und erst recht durch den Rückzug der Frau steht ihm jedoch keine starke Partnerin gegenüber. Stattdessen weicht sie aus, und je mehr sie das tut, desto mehr setzt er nach. Damit ist der Prozess des Hochschaukelns in Gang gesetzt und unter Umständen nur schwer zu stoppen.

Kleine Anleitung zum besseren Umgang

Wie sähe ein besserer Umgang mit verletzenden Männern aus? Hier sind einige Punkte, über die es sich nachzudenken lohnt.

Verdeutlichen Sie wunde Punkte

Erwartungen beider Partner, die davon bedroht sind gebrochen zu werden, stellen wunde Punkte dar. Jede Frau verfügt über solche wunden Punkte. Allerdings sind dem Mann nur manche davon bekannt, andere stellen sich erst nach und nach heraus und manche tauchen völlig überraschend auf.

Wenn es sich um körperliche Einschränkungen handelt, liegt die Sache auf der Hand. Ein Partner, der seine Frau mit schmerzverzerrtem Gesicht humpeln sieht, wird sie nicht hetzen, sondern stützen. Seelische Einschränkungen in Form von Verletzungen oder Verletzungsängsten kann er allerdings nicht so deutlich sehen.

Da Sie nicht weiter verletzt werden wollen, ist es nun Ihre Sache, Ihre wunden Punkte, die Ihr Mann nicht im Auge hat, zu verdeutlichen. Damit ist nicht gemeint, sich ihm voll und ganz auszuliefern, ihn um Rücksicht zu bitten und ihm quasi die offene Flanke hinzuhalten. Es ist vielmehr damit gemeint, sich schützend vor die eigene Empfindsamkeit zu stellen und den Partner darauf aufmerksam zu machen, was sein verletzendes Verhalten in diesem Bereich bewirkt: den Bruch von Ihren Erwartungen und dass Sie in der Folge dieses Verhalten nicht akzeptieren.

Beispiele aus dem Beziehungsalltag

Ein Beispiel aus dem partnerschaftlichen Bereich:

Hier hielt der Mann seine mit der Partnerin vereinbarte Zusage nicht ein, dass er sie rechtzeitig zu Hause anrufen würde, wenn er Überstunden machte. Seine Frau wartete dann auf ihn und verpasste oft einen Kinoabend oder andere Termine mit Freunden, auf die sie sich sehr gefreut hatte. Sie fühlte sich durch sein Verhalten gering geschätzt und auch verletzt. Eines Tages wollte er sich mit ihr zu einem Konzert verabreden, musste sich nun aber anhören, dass sie keine weitere Verabredung mit ihm treffen wollte. Sie sagte: »Ich verabrede mich nicht mehr mit jemand, der mich ständig hängen lässt. Du kannst ja ins Konzert gehen, dann wirst du sehen, ob ich dann da bin oder nicht.« Der Mann wandte ein: »Dann habe ich ja keine Gewissheit«, und bekam daraufhin zu hören: »Jetzt kannst du ja nachvollziehen, wie es mir mit dir immer geht.« Da sie sich nicht auf weitere Diskussionen einließ, lenkte er schließlich ein. Nach einigen Monaten waren gemeinsame Verabredungen zwischen den beiden wieder möglich, weil er seine Verlässlichkeit unter Beweis gestellt hatte.

Ein Beispiel aus dem freundschaftlichen Bereich:

Ein Mann gab ihm von seiner Partnerin anvertraute intime Geheimnisse an seine Freunde weiter. Als sie dabin erfuhr, war sie darüber sehr verletzt. Darauf angesprochen, fand er es hingegen »nicht so schlimm.« Das führte zu einer weiteren Verletzung, da sie sich weiterhin nicht von ihm ernst genommen fühlte. Ihre ver-

letzten Gefühle führten dann dazu, dass sie sich von ihrem Partner zurückzog, der seinerseits darauf irritiert reagierte. Auf ihre Frage: »Wie kann ich jemandem, der Geheimnisse nicht für sich behalten kann, solche anvertrauen?« wusste er keine Antwort. Der Mann erkannte aber, dass sein Fehler ihr gegenüber darin bestanden hatte, »dir meine Verschwiegenheit zu versprechen.« Die beiden begriffen, dass sie mit diesem Thema anders umgehen sollten. Sie nahm sich also vor, bestimmte Dinge und Geheimnisse nicht mit ihm zu teilen und er, keine weiteren Versprechungen zu machen, die er nicht halten konnte.

Ein Beispiel aus dem emotional-leidenschaftlichen Bereich: *Das Paar hatte sexuelle Probleme miteinander. Der Mann sagte, er liebe seine Frau sehr, sie sei sexuell aber »nicht wirklich sein Typ.« Darüber war sie zutiefst verletzt und zog sich für einige Tage völlig von ihm zurück. Anschließend aber ging sie in die Offensive und machte ihm klar, dass eine Beziehung mit ihm ohne Sexualität für sie nicht in Frage käme. Sie sagte also mit anderen Worten: »Mit mir nicht.« In der Beratung stellte sich heraus, was der Mann mit seiner Bemerkung gemeint hatte. Er erklärte, seine Partnerin sei ihm beim Sex einfach zu zurückhaltend und nicht eindeutig genug. Er wüsste bei ihr nie, woran er sei, ob sie gerade Sex wolle oder auch, was ihr Lust bereite oder eben nicht. Es ging also nicht um den »Typ Frau«, sondern um seine tiefliegende Verunsicherung. Da er diese nicht deutlich machen konnte, zog er sich zurück und rechtfertigte sein Verhalten auf die beschriebene Weise. Die beiden beschlossen, im Bett mehr Wagnisse einzugehen, vor allem auch das Risiko, sexuell etwas »falsch« zu machen. Damit belebte sich ihre erotische Verbindung.*

Setzen Sie Grenzen

Sind wunde Punkte klargestellt, so bedeutet das nicht automatisch, dass es Ihrem Partner zukünftig gelingt, in gewünschter Weise Rücksicht darauf zu nehmen. Es wird weiterhin zu Verletzungen kommen. In dem Fall helfen nur deutliche Grenzen.

Verletzungen stellen immer Grenzüberschreitungen dar. Sie werden durch ein Verhalten verursacht, in dem der Partner zu weit geht. Dies sollten Sie ihm nicht gestatten. Eine angemessene Grenzziehung bei Verletzungen besteht jedoch nicht im Zurückstoßen oder Zurückschlagen, sondern im Zurückweisen im Sinne von: »Nur weil wir zusammen sind, erlaube ich dir nicht …« oder »So lasse ich nicht mit mir umgehen!«

Kommt es in wiederholten Fällen zu Grenzverletzungen, können Sie Konsequenzen verdeutlichen, die Sie zukünftig ziehen werden. Doch hier ist Sorgfalt angeraten. Sie sollten nur solche Folgen seines Verhaltens ankündigen, die Sie auch zu ziehen bereit sind.

Vereinbaren Sie Konsequenzen

Eine weitere Möglichkeit besteht darin, mit Ihrem Partner eine Konsequenz zu vereinbaren. Dieser Ansatz kann sich auch deshalb positiv auswirken, weil Sie sich beide dann über das Thema Verletzung verständigen müssen. Auf diese Weise kann für beide Seiten mehr Einsicht entstehen.

Lassen Sie Konsequenzen spüren

Kann der Partner sein verletzendes Verhalten nicht einstellen, so ist es für Sie an der Zeit, ihn die von Ihnen angekündigten oder mit ihm vereinbarten Konsequenzen spüren zu lassen. Dabei geht es aber nicht um »Strafe«, sondern um die auf diese Weise verdeutlichte Botschaft: »Mit mir nicht!«

FAZIT

1. Partner, die einander lieben, sind ständig mehr oder weniger davon bedroht, verletzt zu werden. Verletzungen sind früher oder später unvermeidbar, weil darin Verhalten und Erwartung aufeinandertreffen.

2. Wenn es also zu dauernden Verletzungen kommt, sind beide daran beteiligt, durch ein wiederkehrendes Verhalten auf der einen und dessen Hinnahme auf der anderen Seite.

3. Die Konsequenz lautet, das Thema offensiv zu behandeln und auf den Tisch zu legen.

MÄNNER, DIE ZU VIEL SEX WOLLEN

Sex ist eine feine Sache. Sex dient uns zur Befriedigung körperlicher, emotionaler wie auch seelischer Bedürfnisse. In einer Beziehung dient sie zur Herstellung von Nähe und Verbundenheit. Sex spielt also sowohl für den Einzelnen als auch für die Paarbeziehung eine wichtige, meist unverzichtbare Rolle.

Frau und Mann gelangen durch das sexuelle Erleben in ein direktes, sinnliches und erregendes Empfinden, ins viel beschworene »Hier und Jetzt«. In diesem Zustand machen sie nicht nur Urlaub von Plänen und Erinnerungen, sondern auch von sich selbst. Für Momente »verschwindet« sogar das Bewusstsein auf wohltuende Weise, etwa beim Orgasmus. Die Beziehung wiederum bezieht aus der gemeinsamen Sexualität einen großen Teil ihrer Exklusivität.

Ich schlafe *nur mit dir*, ich begehre *nur dich*, das heißt in unserer Kultur so viel wie: »Du bedeutest für mich etwas Besonderes, mehr als alle anderen, wir gehören zusammen.«

Die Sache mit dem Sex und einer Beziehung wäre einfach, wenn die Sexualität dem Willen unterworfen wäre. Was Sex aber so schön und gleichzeitig so gefährlich macht, ist gerade der hohe Anteil an unwillkürlichen Bestandteilen, die darin zum Tragen kommen. Da wären beispielsweise Begehren, Leidenschaft, Selbstvergessenheit, Ekstase, Drang, Hingabe und mehr. Die große Macht dieses Unwillkürlichen bringt die Partner in der Verliebtheitsphase durch Begehren und Leidenschaft zusammen, oft gegen die Vernunft oder sogar gegen den eigenen Willen. Mann und Frau »fallen« in Liebe, sie gehen nicht offenen Auges und bei klarem Bewusstsein hinein, ihnen geschieht die sexuelle und erotische Liebe in aller Unschuld.

Der Verlust der sexuellen Unschuld

Im Laufe einer Beziehung wächst die Gefahr, dass die Partner ihre sexuelle Unschuld verlieren. Aufgrund vieler Einflüsse, zu denen sowohl Erlebnisse aus der Vergangenheit als auch in der Gegenwart auftauchende Differenzen zwischen Mann und Frau gehören, werden sie nach und nach und schließlich öfter aus dem Paradies der emotional-leidenschaftlichen Symbiose vertrieben. Dafür gibt es viele Anlässe: Begehren und Lust melden sich bei den Partnern nicht immer gleichzeitig. Konflikte aus dem partnerschaftlichen oder freundschaftlichen Bereich werfen Schatten auf die erotische Verbindung. Kämpfe um das Recht auf Befriedigung oder das Recht zu deren Verweigerung brechen aus. Forderungen hinsichtlich des Begehrens oder begehrt werden Wollens werden gestellt und abgewiesen. Sex, vor allem leidenschaftlicher Sex, ist auf Dauer nicht mehr so leicht zu haben, wie das anfangs möglich war.

Solche Ungleichzeitigkeiten geschehen in jeder längeren Beziehung, und die Partner können in aller Regel mit erstaunlich vielen davon umgehen. Wenn aber eine Frau darüber klagt, dass ihr Mann immer »zu viel« Sex wolle, dann hat sich ein bestimmtes Thema auf sexuellem Gebiet offenbar zu einem massiven Problem verfestigt. Zwei grundsätzliche Möglichkeiten scheinen in diesem Fall in Betracht zu kommen.

Wie es zur Distanzierung kommen kann

- Es kann sich etwas an der Bedürfnislage der Frau verändert haben, und zwar unabhängig vom Partner. Das ist beispielsweise oft in der ersten Zeit nach der Geburt eines Babys der Fall. Dann steht einer Frau weniger der Sinn nach körperlicher Nähe, weil sie davon schon »zu viel« mit dem Kind hat. Und nun rückt ihr zu allem Überfluss auch noch der Partner ständig »auf die Pelle.«
- Andere Gründe für eine veränderte Bedürfnislage, die vom Partner unabhängig ist, wäre beispielsweise eine gesundheitliche Beeinträchtigung oder ein grundsätzlich geringeres Interesse an Erotik und Sexualität.
- Es kann aber auch sein, dass die Bereitschaft der Frau, sich auf Sex einzulassen, aus Gründen eingeschränkt ist, die mit dem Verhalten des Partners zu tun haben. Beispielsweise verweigert sie sich der körperlichen Begegnung, weil sie sich in partnerschaftlicher oder freundschaftlicher Weise nicht ausreichend gewürdigt fühlt. Eine Frau sagte in der Beratung: »Ich küsse doch keinen Mann, der mich ständig beleidigt!«
- Denkbar ist auch, dass der Konflikt im erotischen Bereich stattfindet, etwa weil die Frau mit der Art und Weise, in der Sexualität stattfindet, nicht einverstanden ist.

Wie auch immer, wenn es zur Klage kommt, der Mann wolle »zu viel« Sex, befinden sich die Partner in einem Ringen, das konflikthaften Charakter angenommen hat.

Was steht beim Mann dahinter?

Wenn der Mann »zu viel« Sex will, weist diese Klage darauf hin, dass sich die Partnerin von ihm bedrängt fühlt. Die Gründe für sein forderndes Verhalten mögen verschieden sein.

Er ist egoistisch

Möglicherweise »denkt« der Mann beim Sex in erster Linie an sich. Vor allem aber spürt er in erster Linie ausschließlich sich. Er spürt sein drängendes Verlangen und sucht vor allem dessen Befriedigung. Seine Partnerin ist in diese Empfindungen nur insofern einbezogen, als er davon ausgeht, bei ihr verhielte es sich ganz genauso wie bei ihm: Sie müsste demnach ebenfalls genauso »wollen« und die gleichen dringlichen sexuellen Bedürfnisse haben. Aus seinem persönlichen Druck heraus gibt der Mann also vor, wie es im Bett zu laufen hat: Das heißt, an seinen Bedürfnissen ausgerichtet. Wenn seine Partnerin dann seinem Drängen nachgibt, fühlt sie sich nicht gemeint sondern benutzt. Eine Frau fasste in der Beratung dieses Empfinden in die Worte: »Er masturbiert in mich hinein.«

Er überschätzt sich

Nicht wenige Männer halten sich für absolute Spezialisten, wenn es darum geht, die Partnerin sexuell zu beglücken. Nicht nur, dass sie nicht nachfragen, was ihr gefällt und was sie nicht mag. Sie bilden sich sogar ein, mit ihrem Tun könnten sie nicht danebenliegen. Zudem glauben sie oft, einen Anspruch auf Sex zu haben und üben dementsprechend Druck aus.

Er ist innerlich distanziert

Manchen Männern fällt es schwer, einer Frau emotional nah zu sein, wenn sie Sex mit ihr haben. Sie fürchten, vielleicht nicht zu genügen und halten ihre Lust und Freude zurück, oder sie scheuen Momente der Verschmelzung. Aufgrund dieser inneren Distanz kommt es kaum zur intimen Begegnung. Es treffen sich weder die Herzen noch wirklich die Körper. Eine Frau hat dann den Eindruck, ihr Partner sei nicht »dabei«, ein Eindruck, der den Wert sexueller Begegnungen für sie schrumpfen lässt.

Typische Fehler der Partnerin

Die Klage »er will zu viel Sex« lässt vermuten, dass die Frau bereits dabei ist, dies zu verhindern. Dabei kann sie ungewollt den Konflikt mit ihrem Mann verstärken.

Sie weicht aus

Wenn sich eine Frau sexuell bedrängt fühlt, tendiert sie oft dazu, der Situation auszuweichen. Sie erfindet Ausflüchte (die berühmte Migräne) oder hält den Partner hin und vertröstet ihn auf später. Wann ist später? Jetzt nicht! Eine Frau, die sich so verhält, glaubt im Grunde ebenso wie der Mann, Sex wäre eine Verpflichtung für sie und ein Anrecht von ihm. Von Zeit zu Zeit bleibt ihr dann nichts anderes übrig, als seinem Drängen nachzugeben, was ihrem Spaß am Sex wenig zuträglich ist.

Sie weist ihn zurück

Eine Frau, die keinen Sex mit dem Partner möchte, lehnt nicht unbedingt den Sex ab. Sie will vielmehr etwas ganz Bestimmtes nicht. Sie will nicht, was ihr beim Sex geschieht. In Worte gefasst würde sie sagen: »Ich will Sex, aber ich will diesen Sex nicht.« Das macht sie nicht deutlich, und dann lehnt sie, obwohl es um die Praktiken geht, der Einfachheit halber den Partner ab. Sie gibt ihm zu verstehen, was er *nicht* tun und wie er *nicht* sein soll. »Lass mich doch in Ruhe, sei *nicht* so bedürftig, sei *nicht* so gierig, hab *nicht* so viel Lust …« Der Mann kann kaum anders, als sich persönlich abgelehnt zu fühlen, denn er hat nun einmal die Bedürfnisse und seine Lust und kann sie schlecht »nicht haben.«

Sie wertet ihn ab

Wenn das Zurückweisen durch Kritik am »so sein« des Partners nicht ausreicht, greifen Frauen mitunter zur Notwehr durch Beleidigungen. Dann bezeichnen sie den Partner als »sexsüchtig« oder pathologisieren im Extremfall seine Bedürfnisse. Der Partner fühlt sich nicht nur zurückgewiesen, sondern rundum abgewertet nach dem bekannten (und dadurch keineswegs wahren) Motto: »Männer wollen immer nur das Eine.«

Schlüssel und Schloss

Schauen wir einmal genauer an, wie die Verhaltensweisen der beiden Partner zusammenhängen, dann findet sich auf der einen Seite ein drängender Mann und auf der anderen Seite eine abweisende Frau. Er versucht, einen Fuß in die Tür zum Raum namens Sexualität zu bekommen und die Tür aufzudrücken, sie versucht, die Tür möglichst mit demselben Druck zuzuhalten. Je mehr er gegen die Tür drückt, desto fester hält sie zu. In diesem Kampf stehen sich zwei egoistisch motivierte Kämpfer gegenüber, von denen jeder sich im Blick hat, aber in keinem Moment den anderen. Das mag aus Sicht des Mannes oder der Frau durchaus nachvollziehbar sein, der Beziehung schadet es aber. Denn in Beziehung zu sein würde bedeuten, auch immer den anderen im Blick zu haben.

Kleine Anleitung zum besseren Umgang

Ihren Mann im Blick zu haben – das bedeutet für Sie keineswegs, seine sexuellen Bedürfnisse zu erfüllen und ihm »zu Willen« zu sein. Es bedeutet vielmehr, seine Bedürfnislage zu sehen, zu achten und ihm auf dieser Basis zu begegnen. Um im Bild mit der Tür zu bleiben, gegen die Sie von beiden Seiten drücken, heißt das: Wenn Sie nicht gegen sein Drücken drücken, und stattdessen die Tür öffnen, ohne ihn jedoch eintreten zu lassen, können Sie sich beide an der Schwelle niederlassen. Hier können Sie einander mitteilen, was es ihnen schwer macht, sich im Raum Sexualität zu begegnen.

Beispiele aus dem Beziehungsalltag

Beispiel 1: *Das Paar war erst seit zwei Monaten zusammen, dennoch hatte sie – im Gegensatz zu ihm, schon ab und zu keine Lust mehr auf Sex. Der Mann fragte nach, woraufhin er erfuhr, dass sie zwar ein Vorspiel mochte, aber nicht die Art, in der er sie vor dem Sex mit der Hand stimulierte. Sie schlug vor, ihm zu zeigen, wie sie es mochte. Daraufhin fühlte er sich als »Anfänger« bloßgestellt und entrüstete sich: »Das hat mir noch keine gesagt, dass ich sie nicht erregen kann.« Doch seine Freundin ließ sich nicht irritieren. Sie sagte: »Du kennst mich doch kaum, wie willst du da wissen, was mir gefällt? Und selbst wenn sich noch keine beschwert hat, dann bin ich eben die erste. Wenn du Sex mit mir willst, musst du schon auf mich eingehen.«*

Der Mann war sauer und zog sich für einige Tage aus dem sexuellen Kontakt zurück. Dann hatte er die Sache so weit verarbei-

tet, dass er bereit war, »Nachhilfe von ihr zu bekommen.« Diese Nachhilfestunden machten beiden Spaß, sie kamen sich sexuell näher und gewannen mehr Vertrauen.

Beispiel 2: *Der Sex war bei diesem Paar seit Jahren problematisch, oft kam es zum Streit. Nun ließ sich die Frau seit einiger Zeit nur noch auf eine bestimmte Stellung ein, nämlich »von hinten«. Anfangs gefiel es ihrem Mann, aber dann war er irritiert. Er warf ihr vor, sie wollte ihn beim Sex nicht anschauen. Zu seiner Verblüffung gab sie ihm recht. Nun war der Mann schockiert und beide konnten dem Thema nicht länger ausweichen. Das Thema lautete »Spaß haben am Sex.« Der Mann wollte, dass sie Spaß mit ihm hätte, sie hatte aber schon lange keinen mehr. Der ewige Stress bei dem Thema wäre für sie so aufreibend gewesen, dass es für sie einfacher war, ihn ab und zu »machen zu lassen.« Nun, da die »Routine« nicht mehr aufrechtzuerhalten war, konnten sich die beiden sexuell neu orientieren. Der Sex fand jetzt zwar nicht häufiger statt, aber so, dass jeder mehr auf den anderen achtete und zugleich seine eigenen Wünsche verdeutlichte, ohne einen Anspruch auf Verwirklichung damit zu verknüpfen.*

Seien Sie deutlich

Dem Partner auch in Hinsicht auf Themen wie Erotik und Sexualität zu begegnen bedeutet, sich ihm zu stellen und für ihn auch deutlich zu sein. Beispielsweise ist es nicht deutlich, dem Partner einfach zu sagen: »Ich habe keine Lust auf Sex.« Deutlicher dagegen ist es, ihm Folgendes klarzumachen: »Ich schlafe nicht mit dir, weil ich das Gefühl habe, du willst dich an mir befriedigen.« Ebenfalls undeutlich ist es zu sagen: »Ich fühle mich nicht nach Sex.«

Deutlicher ist es zu sagen: »Ich bin sauer auf dich, ich will dir jetzt nicht nahe sein.« Solche Klarstellungen sind indessen nur die halbe Miete. Sie können dazu beitragen, bestehende Hindernisse beiseitezuräumen. Die andere Hälfte der Miete besteht darin, dass Sie Ihr eigenes Wollen verdeutlichen.

Drücken Sie Ihre eigenen Wünsche klar aus

Oft macht eine Frau ihrem Partner zu einem bestimmten Zeitpunkt in ihrer Beziehung deutlich, was sie in der Sexualität *nicht* will. Dadurch weiß der Mann allerdings nochnicht, was sie stattdessen will. Viele Frauen – das ist zumindest meine Erfahrung aus der Paarberatung – sind der Ansicht, ihre Männer sollten von selbst wissen, was sie im Bett erleben wollen. »Das muss er doch merken, auch ohne dass ich es sage«, lautete die Aussage einer Frau, die ihren Partner in einem Streit als »Anfänger« bezeichnet hatte.

Es hilft auch nur wenig, das Wollen mit abstrakten Beschreibungen deutlich zu machen. Etwa zu sagen: »Ich will, dass es schön ist«, oder: »Ich will, dass du dich auf mich einstellst.« Hilfreicher dagegen ist es, Ihren Partner wissen zu lassen, was genau schön ist – welche Art der Berührung, welcher Ablauf – oder worauf genau er sich auf welche Weise einstellen soll.

Zeigen Sie Ihre Sehnsüchte

Wenn es schwer ist, das eigene Wollen zu formulieren, und weil das Wollen oft zu unkonkret geäußert wird, kann es helfen, die eigenen Tagträume in Bezug auf Sexualität mitzuteilen. Wenn Sie sich dazu entschließen, sollten Sie Ihren Partner nicht direkt ansprechen, sondern er sollte in Ihrer Geschichte in der dritten Person vorkommen. Praktisch sieht das ungefähr so aus: »Ich träume manchmal davon, nach Hause zu kommen und von meinem Mann überrascht zu werden. Er taucht plötzlich auf und streift mir eine Augenbinde über. Dann lehnt er mich gegen die Wand und küsst meinen Hals, meine Schultern …« Wovon immer Sie träumen – Ihr Partner weiß davon nichts und auf diese Weise kann er erfahren, was Sie sich wünschen, ohne sich dazu verpflichtet zu fühlen. Dennoch kann er sich an Ihren erotischen Sehnsüchten orientieren.

FAZIT

1. Allgemein sprechen Partner wenig über ihre Sexualität. Dabei ist es gerade auf diesem Gebiet wichtig, sich gegenseitig auf der Spur zu bleiben. Das Dumme ist nämlich, dass sich die Partner auf Sex »einigen« müssen, und das können sie nur, wenn sie beide daran Spaß haben.

2. Viel oder wenig Sex, zu viel oder zu wenig Sex – wenn es um die gemeinsame Sexualität geht, sind die Maßstäbe beider Partner individuell und sie verändern sich mit der Zeit. Eine sichere Möglichkeit, die Lust an der Sexualität herunterzufahren, besteht darin, nicht mitzuteilen, was Sie einerseits nicht wollen und andererseits eigentlich wollen. Es hilft demnach nur: Raus mit der Sprache! Solche Mitteilungen sollten auch immer konkret sein, nicht allgemein. Und Sie sollten Konflikte nicht scheuen. Sonst will er irgendwann nur noch »zu viel«.

3. Übrigens: Auch bei Männern, die zu wenig Sex wollen, gilt es, den Austausch an der Tür zum Raum Sexualität zu führen.

MÄNNER, DIE UNTREU SIND

Partner versprechen sich gegenseitig die Treue. Damit ist normalerweise sexuelle Treue gemeint. Diese hat eine enorme Bedeutung, denn an ihr wird allgemein der Wert einer Beziehung gemessen. Sie stammt aus einer Zeit, in der Untreue leicht zur »Produktion« unehelicher Kinder führte und in der die sozialen und finanziellen Komplikationen infolge eines Seitensprungs die materielle Basis der »Produktionsgemeinschaft Ehe« untergraben und ganze Familien ins Unglück stürzen vermochten.

Heute ist die materielle Bedeutung von Treue in der Partnerschaft weniger bedeutsam. Dennoch wird das Ideal ähnlich hochgehalten wie einst, nur begründet man die geforderte Treue jetzt psychologisch. Heute sollen sich beide Partner durch sexuelle

Monogamie ihre Relevanz füreinander beweisen. Das Treuegelöbnis verspricht: »Du bist der wichtigste Mensch in meinem Leben, mit dir teile ich den intimsten Liebesbereich. Durch meine Treue beweise ich dir meine Liebe. Solange ich dir treu bin, kannst du darauf zählen, dass wir zusammenbleiben.«

Von Treue und Untreue

Umgekehrt folgt aus dem Treueversprechen, dass eine Beziehung gefährdet erscheint, wenn ein Partner untreu wird. Dies ist tatsächlich der Fall, aber nur in Beziehungen, deren Bedeutung von den Partnern an ihrer sexuellen Exklusivität gemessen wird. Das heißt, dass von vorneherein verabredet wurde, nur mit dem Mann beziehungsweise der Frau Sex zu haben. Dabei ist Liebe nicht automatisch mit Treue gleichzusetzen und Untreue nicht mit fehlender Exklusivität. Das zeigt sich an Paaren, bei denen nicht sexuelle Treue als Maßstab von Einzigartigkeit in der Beziehung gilt, sondern Offenheit, Verlässlichkeit und emotionale Nähe. In den meisten Beziehungen jedoch geht die Treue über alles, weshalb eine Untreue des Partners zu starken Krisen führt.

Aus Sicht des Treueversprechens wird der Akt der Untreue zum Beleg dafür, dass man seinen Partner nicht mehr liebt. Wenn es denn geschehen ist und sich herausstellt, dass der Mann mit einer anderen Frau fremdgegangen ist, empfindet die Partnerin das schnell als vernichtenden Angriff auf sich, auf ihre Person, auf ihr Selbst, auf ihre Würde und auf ihren Wert als Frau. Mit Moral und mit der Ächtung von Untreue kommt sie an diesem Punkt jedoch ebenso wenig weiter wie mit Selbstzweifeln. Wesentlich besser geht es ihr mit der Situation, wenn sie die Untreue ihres Partners weniger als eine Aussage bezüglich ihrer Person begreift, sondern vielmehr als eine, welche die gemeinsame Paarbeziehung betrifft.

Es ist nun einmal so, dass ein Mensch nicht gleichzusetzen ist mit der Liebesbeziehung, in der er lebt. Der eine mag zum anderen sagen: »Du bist der wichtigste Mensch in meinem Leben.« Er sagt damit aber nicht gleichzeitig: »Du bist das Wichtigste in meinem Leben.« Ein Einzelner sagt – und wenn er ein Individuum bleiben will, kann er nichts anderes sagen: »*Ich* bin das Wichtigste in meinem Leben.« Daher gibt es eine Treue, die verpflichtender ist als die zum Partner: die Treue zu sich selbst. Ein Mann, der seiner Partnerin untreu wird und fremdgeht, sagt auf diese verschobene Weise: »Ich habe den Eindruck, mir in irgendeiner Hinsicht untreu geworden zu sein, und ich bin mir wichtiger als die Beziehung zu dir. Bevor ich mich aber aufgebe, riskiere ich diese lieber.«

Was steht beim Mann dahinter?

Man kann davon ausgehen – und das tue ich aufgrund meiner langen Praxis der Paarberatung –, dass kein Mann leichtfertig untreu wird und damit seine Beziehung aufs Spiel setzt. Der Mann, der seine Partnerin betrügt, versucht vielmehr auf diese verquere Weise, mit sich selbst wieder ins Reine zu kommen.

Er will sich seiner Freiheit versichern

Der untreue Mann ist ein zerrissener Mann. Ein Teil von ihm will treu sein, ein anderer nicht. Da er einen Teil von sich der Beziehung untergeordnet hat, steht dieser schließlich auf und sagt: »Ich spiele nicht mehr mit, ich will nicht in einer Beziehung eingesperrt sein, ich will frei sein.«

Wer hat den Mann in den Käfig Beziehung gesteckt? Die Partnerin sicherlich nicht, es war der Mann selbst. Sie hat ihn zu keinem Versprechen gezwungen, er selbst hat das getan. Für ihn ist eine Beziehung ein Raum, …

- in dem er sich anpassen muss, um die Liebe einer Frau zu bekommen;
- in dem er sich verstellen muss, um die Liebe einer Frau nicht zu verlieren;
- in dem er nicht umfassend und offen »er selbst« sein kann.

Deshalb verstellt er sich, vor sich und seiner Partnerin. Je länger er das tut, desto deutlicher wird sein Empfinden, gefangen zu sein. Nicht, weil die Frau ihn gefangen hält, sondern weil er sich zum Gefangenen seiner eigenen Vorstellungen und Ängste gemacht hat. Indem er fremdgeht, bricht er aus diesem inneren Gefängnis aus und beweist sich: »Ich bin frei.« Er gewinnt zwar eine bescheidene Freiheit, die auf Heimlichkeit und dem Bruch gemachter Versprechen beruht, aber es ist eine Freiheit, auf die er nicht verzichten will, vor allem nicht, da er die Beziehung behalten möchte.

Er will sich offene Bedürfnisse erfüllen

Ein anderes Motiv als das des temporären Ausbruchs ergibt sich aus einer Notlage, also dann, wenn bestimmte Bedürfnisse innerhalb der bestehenden Beziehung auf Dauer unerfüllt bleiben. Das können emotionale, sexuelle oder erotische Bedürfnisse sein. In dem Fall dient der Seitensprung der Bedürfniserfüllung, wodurch er die Beziehung zur Partnerin aber nicht entwertet. Der Mann kann etwas mit der Frau nicht erleben, möchte darauf nicht verzichten und beschafft es sich deshalb außerhalb der Beziehung. Der – zumeist verheimlichte – Seitensprung bietet den Zugang zu diesen Quellen.

Er ist auf dem Absprung

Untreue kann ebenso der Anfang vom Ende sein. Sich von einer Partnerin zu trennen ist alles andere als einfach, es ist schwer.

Der Mann gibt mit der Beziehung etwas auf, worin er große Hoffnungen gesetzt hat. Zu gehen und allein zu sein stellt zudem ein hohes Einsamkeitsrisiko dar. Daher warten manche Männer, bis sie eine neue Frau kennenlernen, auf die sie ihre Hoffnungen setzen. Sie verlieben sich und erst dann stellen sie die Beziehung zur Partnerin offen in Frage. Sie gehen auf Nummer sicher und tauschen die Partnerin im Extremfall aus.

Typische Fehler der Partnerin

Wenn sich die Untreue ihres Partners herausstellt, gerät eine Frau meist in extreme emotionale Zustände. Diese werden in der Beratung dann häufig mit Worten beschrieben wie »aus allen Wolken fallen«, »den Boden unter den Füßen verlieren«, »in einen Abgrund stürzen« oder »zusammenbrechen.« Es ist daher nur verständlich, wenn die Frau die bedrohliche Quelle des Übels – die Untreue ihres Partners – aus der Welt schaffen will: Sie will ihre verloren gegangene Sicherheit wiedergewinnen.

Sie wird aggressiv

Zu den Waffen im Kampf um die Treue gehört die Moral. Da es sich um einen Vertrauensbruch handelt, bietet sich die Verurteilung des untreuen Verhaltens geradezu an. Der Mann wird in Folge dessen angegangen und angegriffen, ihm werden endlose Vorwürfe gemacht. Je größer die Verletzung ist, welche die Frau erfahren hat, desto aggressiver mag sie agieren.

Das ist verständlich, aber wenig hilfreich. Entweder fühlt sich der Mann in seiner Befürchtung »Sie will mich kontrollieren, über mich bestimmen« bestätigt und macht dicht.

Wenig hilfreich ist auch der Impuls, dem Mann weitere Versprechen abzuringen und ihn zu kontrollieren, seinen Computer oder sein Handy zu durchsuchen, was ihn ebenfalls im Eindruck bestätigt, sich in einem Gefängnis zu befinden. Durch ihre Aggressivität erzeugt sie bei ihrem Partner nur Trotz oder auch nur eine scheinbare Anpassung. In diesem Fall streut sich der Mann vielleicht reumütig Asche aufs Haupt und gelobt Besserung, kann sich aufgrund der unveränderten Grundsituation in der Beziehung aber eher selten an dieses neue alte Versprechen halten.

Sie zweifelt an sich

Ein anderer, ebenso verständlicher Fehler in Reaktion auf Untreue besteht darin, sich selbst in Frage zu stellen. In dem Fall sucht die Frau die Schuld bei sich. Die klassische Frage zur perfekten Selbstquälerei lautet: »Was hat die andere, was ich nicht habe?« Diese Frage macht letztlich keinen Sinn, denn selbst wenn die andere etwas hätte, was die Partnerin nicht hat, so kann sie nicht zu einer Kopie der anderen werden.

Schlüssel und Schloss

Wie hängen die Verhaltensweisen der beiden Partner bei Untreue zusammen? Schließlich sieht es doch so aus, als trüge der eine, der Mann, die alleinige Verantwortung für die Vorgänge.

Untreue ist allerdings nicht nur ein individuelles Verhalten, sie ist auch ein Beziehungsphänomen. Sie weist auf den Zustand der Paarbeziehung hin. Da eine Frau an der Paarbeziehung beteiligt ist, ist sie auch immer am Zustand dieser Beziehung beteiligt und somit auch indirekt an der Untreue des Partners. Ich betone: Die Frau ist nicht *schuld* daran, dass ihr Partner untreu ist, aber sie hat mit seiner Entscheidung zu tun. Etwa, indem sie sich auf eine »unvollkommene« Beziehung einlässt, vom Partner aber ein »vollkommenes« Verhalten erwartet.

Unvollkommene Beziehungen

Nehmen wir das Beispiel eines Mannes im Alter von 50 Jahren, der seine Frau verlässt und sich eine Jüngere »nimmt«. Wie kann die Verlassene hieran beteiligt sein? Sie wird sich vehement gegen eine solche Unterstellung verwahren. Die Antwort ist weniger kompliziert, als sie das erwartet. Sie hat sich an eine Beziehung geklammert, in der beide nur wenig Bedeutungsvolles miteinander teilten. Vielleicht hat sie nicht erkannt, dass ihr Mann weniger an ihr als Person, sondern mehr an ihr als Sexualobjekt interessiert war. Oder sie hat sich damit abgefunden, dass es schon lange nicht mehr zu emotionaler Nähe gekommen ist. Hat ihr in dieser Beziehung nichts gefehlt? Hat sie nichts vermisst? Ganz bestimmt hat sie das, aber sie hat ihren Mangel nicht thematisiert, sondern ist bei diesem oberflächlichen Mann geblieben. Wenn die Frau hätte sagen können: »Wenn Sexualität alles ist, das dich mit mir verbindet, wenn wir uns nicht mehr begegnen, dann macht die Beziehung keinen Sinn für mich«, wäre sie vielleicht selbst gegangen, anstatt von den Ereignissen überrumpelt zu werden.

Untreue kommt nicht von ungefähr

Grundsätzlich geht jeder Partner mit seinem Vertrauen in das Treueversprechen ein hohes Risiko ein, und im Fall der Untreue hat sich dieses erfüllt. Aber auch durch Wegsehen, Ausweichen oder Aushalten kann die Frau daran beteiligt sein, dass sie eines Tages von der Untreue ihres Partners betroffen ist. Auch sie ist in Wünsche und Hoffnungen verstrickt, die ihren Blick trüben. Daher lassen sich der Untreue und Vertrauensbruch nicht mit dem Anspruch begegnen, man hätte sehen können oder sehen sollen, was da auf einen zukommt. Vieles läuft unterbewusst ab, das gilt für die Frau ebenso wie für den Mann.

Kleine Anleitung zum besseren Umgang

Was also kann eine Frau tun, wenn es geschehen ist, wenn sie von der Untreue ihres Partners betroffen ist? Grundsätzlich bleiben nur zwei Handlungsoptionen. Die in die Zukunft gerichtete Frage lautet: gehen oder bleiben? Eine Frau, die weiß, dass sie Untreue nicht verzeihen will, wird gehen. Für sie stellt sich die Frage nach dem Umgang mit Untreue nicht länger, sie hat sie radikal beantwortet.

Die Beziehung klären

Nur wenn sie bleiben möchte, muss sie für sich einen Weg finden, mit dem untreuen Partner umzugehen. Was dann in jedem Fall anliegt – falls sie nicht sofort nach dem zweifelhaften Prinzip »Schwamm drüber« vorgeht –, ist eine Klärung der Beziehung. Denn Untreue stellt unausweichliche Fragen nach dem Wert einer Beziehung für beide Partner. Diese Frage lässt sich allerdings nicht so einfach beantworten, denn eine Beziehung ist ein komplexes Gebilde, dem je nach Lebenslage und individuellem Zustand ein unterschiedlicher Wert beigemessen wird. Ein erster Schritt besteht eventuell darin, eine klare Stellung dem Partner gegenüber zu beziehen. Die Frau sollte ihrem Mann deutlich machen, wovon es abhängt, dass sie in der Beziehung bleibt. Meist gehört dazu die Anerkennung des Schmerzes, der Umgang mit der Verletzung und die Zuwendung beider Partner zur Beziehung.

Den Schmerz anerkennen

Der untreue Mann erkennt natürlich, dass seine Partnerin Schmerzen durchleidet, er glaubt aber meist, es genüge, wenn er sich entschuldigt. Ihr Schmerz bereitet ihm ein schlechtes Gewissen, weshalb er damit möglichst wenig zu tun haben will. Ob ihr Schmerz von ihm anerkannt wird, sollte für sie spürbar sein.

Ein Beispiel aus dem Beziehungsalltag

Das Paar war seit 18 Jahren zusammen. Dann stellte sich heraus, dass der Mann seit einigen Monaten eine Affäre mit einer anderen Frau hatte. Seine Partnerin war schockiert und »so sauer wie nie in meinem Leben.« Sie drohte, ihn zu verlassen.
In einem Streit, in dem es um Scheidung ging, nötigte sie ihn, mit »der Wahrheit« herauszurücken, warum er das getan hatte. Schließlich rutschte dem Mann diese Wahrheit heraus. Er schrie seine Frau an: »Sie lässt mich, bei ihr kann ich sein, wie ich bin!« Wieder war die Frau schockiert, diesmal darüber, wie dominant ihr Mann sie empfand. In den nächsten Gesprächen realisierte sie, wie harmoniebedürftig und entsprechend zurückhaltend ihr Partner die vielen Jahre über war. Er wiederum kam, nicht zuletzt durch die Affäre in seinem Selbstbewusstsein gestärkt, langsam aus seinem Schneckenhaus hervor und behauptete sich gegen seine Frau. Die Beziehung blieb erhalten.

Mit der Verletzung umgehen

Ein von dieser Bedeutung gebrochenes Versprechen führt zu Verletzungen. Zieht man einen Vergleich zu körperlichen Wunden, würde es sich dabei um einen Messerstich in die Brust oder um schwere Verletzungen innerer Organe handeln. So etwas heilt nicht schnell, es braucht Zeit und Zuwendung. Sie sollten daher klarmachen, wie Ihr Partner auf Ihre Verletzung eingehen kann. Wünschen Sie eine Wiedergutmachung? In welcher Form? Suchen Sie nach Erklärungen?

Zuwendung zur Beziehung

Parallel zur Anerkennung des Schmerzes und dem Umgang mit der Verletzung wenden sich beide Partner meist von selbst ihrer Beziehung zu. Ich habe in der Beratung oft erfahren, dass aufgrund einer Untreue zum ersten Mal seit vielen Jahren in einer Beziehung tiefe, ehrliche und fruchtbare Gespräche geführt wurden, in denen sich Mann und Frau das sagten und zeigten, was sie so lange Zeit voreinander versteckten.

Auf die unweigerlich kommende Frage der Frau: »Warum hast du das getan?« präsentiert der Partner womöglich windige Erklärungen. Er sagt vielleicht, er wisse es selbst nicht, es sei so passiert, es habe nichts zu bedeuten. Sie sollten sich damit nicht zufriedengeben. Je weniger Sie Schuld geben und je interessierter Sie an der individuellen Wahrheit Ihres Mannes sind, desto mehr werden Sie über ihn erfahren. Von einem können Sie in jedem Fall ausgehen: Er hat es getan, weil er das wollte. Die eigentliche Frage lautet also: »Wieso hast du das gewollt?«

Die Gründe für die Untreue verstehen

Verstanden haben Sie die Untreue Ihres Mannes in dem Moment, wenn Sie seine Gründe nachvollziehen können. »Aha, so war das für dich.« Sie verstehen – was nicht bedeutet, dass Sie diese Gründe gutheißen –, sondern dass es seine Motive waren, die aus seiner psychischen Struktur heraus für ihn Sinn ergaben.

Wenn Sie nun auch Ihre eigene individuelle Wahrheit offenlegen, können Sie beide einander begegnen, frei von Schuld und Verurteilung. Erst dann wird sich auch zeigen, ob und wie Sie miteinander Ihren Weg weitergehen. In vielen Fällen gelingt es tatsächlich, nach solch einer tiefgehenden Krise eine ehrlichere und intensivere Beziehung zu führen.

FAZIT

1. Die Liebe zum Partner und die damit verbundene Treueforderung schaffen ein manchmal großes Problem: nämlich wie man sich selbst treu bleibt.

2. Man kann sich in der Liebe selbst verlieren, man nimmt ständig Rücksicht, man mutet Teile von sich dem Partner nicht zu, man kehrt Dinge unter den Teppich, individuelle Differenzen und Meinungsverschiedenheiten versinken in einem Sumpf aus angestrengt aufrecht erhaltener Harmonie.

3. Untreue bietet dann einen Weg an, zu sich zurückzukehren. Die Beziehung zum Partner bleibt davon allerdings nicht unbelastet. Manchmal zerbricht sie daran. So kann Untreue beides einleiten, das Ende einer Paarbeziehung oder deren Neuanfang.

MÄNNER, DIE LÜGEN

Lügen haben einen schlechten Ruf, allgemein wird das Ideal der Wahrheit hochgehalten, auch wenn sich Menschen diesem Ideal nur bedingt annähern können.

Was ist Wahrheit? Der Eindruck, es mit der Wahrheit zu tun zu haben, entsteht, wenn die zur Verfügung stehenden Informationen bezüglich einer bestimmten Lage keine Zweifel an der daraus folgenden Deutung aufkommen lassen. Es spricht also nichts gegen eine bestimmte Schilderung oder Wahrnehmung.

Wer sich im Besitz der Wahrheit wähnt, fühlt sich sicher. Er glaubt, seine Handlungen festlegen zu können, ohne mit unerwarteten Einflüssen rechnen zu müssen. Wahrheit verleiht Orientierung und Sicherheit, und dazu wird sie gebraucht und gesucht.

Wer lügt, nutzt dieses Bedürfnis aus. Er will andere in scheinbarer Sicherheit wiegen, indem er sie über die tatsächliche Lage täuscht – und sich damit einen Freiraum verschaffen. Lügen ermöglicht es, einen Schritt aus einer Ordnung heraus zu tun. Man kann abweichen, während man gleichzeitig Anpassung vorspielt.

Der vermeintliche Vorteil von Lügen

Lügen kann einem Vorteile bieten, solange man nicht dabei erwischt wird. Ebenso kann man erfahren, dass es unerwünschte Konsequenzen hat, wenn man die Wahrheit sagt. Der Umgang mit Lüge und Wahrheit ist ein sozialer Balanceakt, bei dem sich oft erst an den Folgen zeigt, ob es richtig oder falsch war, zu lügen oder die Wahrheit zu sagen.

Auf diese Weise dienen Lügen einerseits dem sozialen Zusammenhalt, können ihn aber auch schädigen. Denn eines steht fest: Kleine Lügen erhalten Beziehungen, aber große Lügen können sie zerstören. Je bedeutsamer die Fakten sind, die durch eine Lüge verschleiert werden, desto gravierender sind die Auswirkungen, wenn die Wahrheit ans Licht kommt, und dann fällt die Lüge auf den Lügner zurück.

Lügen können schützen

Auch in Paarbeziehungen werden Lügen gebraucht, allein schon deshalb, damit jeder Partner bestimmte Geheimnisse für sich bewahren kann. Auf eine Wahrheit angesprochen, kann es besser sein zu lügen, als sie zu offenbaren. Auf die Frage »Mit wie vielen Partnern hast du vor mir geschlafen?« sollte der andere nicht unbedingt ehrlich antworten. Ebenso gilt: Nach einer Wahrheit, die man nicht ertragen kann, sollte man am besten nicht fragen. Den Partner oder die Partnerin in kleinen Dingen zu belügen kann auch sogar eine gewisse Wertschätzung beinhalten. Auf Fragen wie: »Steht mir das neue Kleid?« oder: »Bin ich zu dick, zu dünn, habe ich zu viele Falten im Gesicht?« ist in aller Regel gar keine ehrliche Antwort erwünscht. Vielmehr wünscht sich der Fragende dann zumeist, dass ihm geschmeichelt wird. Aus diesem Grund kann man dem Bedürfnis oder dem Wunsch nach einer kleinen Lüge durchaus hin und wieder nachkommen.

Lügen, die zerstören

Wenn jedoch eine dicke Lüge herauskommt, kann eine Beziehung richtig ins Wanken geraten. Einer der wesentlichen Pfeiler einer Beziehung ist nämlich das Vertrauen, und diese Basis wird durch schwerwiegende Lügen untergraben. Ein Mann, dem die Frau nicht vertrauen kann, auf dessen Worte und Versprechen kann sie auch nicht zählen. Und wer möchte schon in einer Beziehung leben, in der er sich ständig bedroht fühlt, weil jederzeit etwas anderes als das Erwartete herauskommen kann?

»Ich will mich auf dich verlassen« – dies ist eine interessante Formulierung. Sie bedeutet ja auch »Ich will mich verlassen.« Offenbar gibt es ein Bedürfnis, sich bildlich gesprochen loszulassen, fallen zu lassen und darauf zu vertrauen, vom Partner gehalten oder aufgefangen zu werden. Mit einer bedeutsamen Lüge lässt man den anderen aber fallen und missbraucht sein Vertrauen. Dieses wiederherzustellen kann lange dauern. Ob es gelingt, hängt von der Schwere des Bruchs ab, dem das Vertrauen ausgesetzt ist. Kleine Lügen mögen akzeptabel und verzeihlich sein. Wenn eine Frau ihren Partner allerdings als unehrlich empfindet, dann wird es sich nicht um Kleinigkeiten handeln. Dann sind Lügen immer wieder oder dauerhaft vorgekommen und ihr Vertrauen hat zumindest Kratzer abbekommen oder schon einen gewaltigen Riss.

Was steht beim Mann dahinter?

Schauen wir uns einige Motive an, die Männer zum Lügen bringen können. Ich beziehe mich hier auf das »normale« Lügen, nicht auf pathologisches, zwanghaftes Lügen.

Er will gemocht werden

Ein Mann lügt möglicherweise, weil er gemocht werden möchte. Vielleicht erklärt er: »Ich habe noch niemals eine Frau so geliebt wie dich!« In solchen Fällen entwirft er ein Bild von sich, an das die Frau glauben soll. Das ist nichts Neues. Als die Partner sich verliebten, waren Vortäuschungen und Schummeleien an der Tagesordnung. Sie zielten ebenfalls darauf ab, Sympathie zu erzeugen und Erwartungen zu bestätigen. Die derartig motivierten Lügen halten sich meist in Grenzen.

Er will Befürchtungen vorbeugen

Etwas tiefer als der Wunsch gemocht zu werden geht die Angst vor Ablehnung. Sie kann schon größere Lügen hervorrufen. Ein extremes Beispiel liefert ein Mann, der die ihm in Aussicht gestellte berufliche Beförderung nicht bekommt und seiner Frau dennoch erzählt, er wäre befördert worden. In solch einem Fall ist das Selbstwertgefühl des Mannes an die Bestätigung oder Bewunderung seiner Partnerin gebunden. Daher fürchtet er, sie könnte ihn verachten, wenn sie von seinem »Versagen« erfährt.

Er will sein Ding machen

Das vielleicht häufigste Motiv hinter Lügen ist, dass ein Mann schlicht und einfach sein Ding machen will, sich aber nicht traut, das offen zu tun. Er weiß, dass sein Verhalten der Partnerin nicht passt und scheut die Auseinandersetzung. Solange die Lüge nicht herauskommt, geht er den scheinbar einfacheren Weg. Ein Beispiel dafür wäre ein Mann, der seiner Frau erzählt, er würde Überstunden machen, während er sich mit Freunden zum Kneipengang trifft. Oder ein Mann, der heimlich Sportwetten abschließt, obwohl er versprochen hat, das nicht zu tun.

Er will die Beziehung erhalten

Wenn Männer fremdgehen, werden sie in den meisten Fällen lügen, dass sich die Balken biegen. Dadurch zeigen sie aber, dass ihnen noch viel an ihrer Partnerin liegt. Hätte die Beziehung keine Bedeutung mehr für sie, bräuchten sie nicht zu lügen. Da viele fremdgehende Männer ihre Beziehung aber erhalten wollen, lügen sie, um der Partnerin keinen Anlass zu einer Trennung zu liefern.

Typische Fehler der Partnerin

Lügen sind auf Dauer schwer zu ertragen. Welche Fehler kann eine Frau beim Versuch machen, die Wahrheit zu erfahren?

Sie bittet und appelliert

Lügen stören das Vertrauen und verunsichern, daher ist es verständlich, wenn sie ihren Mann beschwört oder bittet, ehrlich mit ihr zu sein. Doch mit Bitten und Appellen lässt sich, vor allem wenn öfter oder immer wieder gelogen wird, wenig ausrichten.

Sie macht Vorwürfe

Den Partner beim Lügen zu erwischen ist enttäuschend und kann Aggression hervorrufen. Dennoch macht es wenig Sinn, Vorwürfe loszulassen. Diese ignorieren die Motive des Partners. Unabhängig davon, ob die Frau diese Motive anerkennt oder ablehnt, liefern diese Rechtfertigungen für das unehrliche Verhalten.

Sie ist blauäugig

Da sie die Unehrlichkeit und Lügen des Partners verunsichern, ist es auch verständlich, wenn die Frau das Versprechen einfordert, dass »so etwas nie mehr vorkommt.« Solch ein Versprechen ist leicht gemacht, vor allem wenn der Mann weiß, dass er sich damit erst einmal Luft verschafft. Die Frau mag sich infolgedessen vielleicht beruhigen, aber eine wirkliche Verlässlichkeit entsteht aus Versprechen und Beteuerungen nicht.

Schlüssel und Schloss

Schlüssel und Schloss – also die Frage, wie die Verhaltensweisen der Partner in Bezug auf das Thema Ehrlichkeit zusammenpassen – ergibt sich wieder aus der Frage, was eine Frau tun müsste, um ihren Mann zum Lügen zu bringen.

Ob er sich in Lügen flüchtet oder dazu nötigen lässt, hängt natürlich in erster Linie vom Mann selbst ab. Allerdings bestehen in Paarbeziehungen stets mehr oder weniger große Abhängigkeiten. Man kann davon ausgehen, dass ein Mann umso schneller zur Lüge greift, desto abhängiger er sich fühlt. Umgekehrt wird eine Frau umso drängender nach Sicherheit suchen (und damit auf absoluter Ehrlichkeit bestehen), je abhängiger sie sich vom Partner fühlt. In vielen Fällen ist eine Frau daher an Lügen beteiligt, wenn auch nicht »schuld« daran.

Stellen wir uns einen Mann vor, der mit seinem Freund in einer Kneipe sitzt. Plötzlich klingelt das Handy und die Partnerin ist dran. Man hört den Mann sagen: »Ich stecke im Stau, es kann noch eine Stunde dauern.« Würde man ihn nun fragen, warum er in dieser Situation lügt, käme vielleicht folgende Antwort: »Wenn ich ihr sage, dass ich hier mit einem Freund in der Kneipe bin, würde sie mir Vorwürfe machen, dass ich zu wenig Zeit mit ihr verbringe und mir später, wenn ich nach Hause komme, eine saftige Szene hinlegen. Darauf kann ich wirklich verzichten.«

In diesem Fall stehen sich ein lügender Mann und eine fordernde Frau gegenüber. Zwei, die ihr egoistisches Interesse durchsetzen wollen, jeder auf seine Weise.

Die Angst des Lügners

Ein Mann muss immer Angst haben, um seine Partnerin zu belügen, und oft – wenn auch nicht stets – wird sie ihm auch einen Anlass für seine Befürchtungen liefern. Mir fällt ein Paar aus der Beratung ein, in dem die Frau den Partner aufforderte, ehrlich zu sagen, was er über sie denke. Als er das dann tat, fuhr sie ihn entsetzt an: »Wie kannst du nur so etwas von mir denken?« Gerade Männer, die der emotionalen Wucht ihrer Partnerin nicht standhalten können, flüchten sich an solchen Punkten in Lügen und damit in eine – scheinbare – Sicherheit.

Auch wenn sie eine Wahrheit verlangt und gleichzeitig Folgen androht, die für den Partner nachteilig sind, kann das Lügen befördern. Wenn die Frau beispielsweise fragt: »Bist du schon einmal fremdgegangen?« und nachsetzt mit: »Das wäre für mich das Ende der Beziehung«, dann kann sie nicht Wahrheit erwarten. Zumindest nicht, solange der Mann die Beziehung erhalten will.

Unabhängig von den Motiven des Mannes ist die Frau grundlegend an seinem Lügen beteiligt, wenn sie trotz immer wiederkehrender Unwahrheiten bei ihm bleibt.

Kleine Anleitung zum besseren Umgang

Dauerhaftes oder wiederkehrendes Lügen stört oder zerstört Vertrauen zweier Menschen ineinander. Dieses Vertrauen ist aber gerade in Paarbeziehungen ein grundlegendes Bedürfnis. Allein auf dieser Grundlage sind beide Partner bereit, sich aufeinander einzulassen. Nur wer vertraut, kann sich öffnen, sich hingeben und auch Nähe erleben. Dass man dem anderen also Vertrauen geschenkt hat, kann man ihm schlecht vorwerfen. Aber man kann klarmachen, dass ein Vertrauensbruch nicht folgenlos sein kann. Der Fokus beim Umgang mit Lügen liegt demnach nicht darin, wie eine Frau verhindern kann, dass ihr Mann künftig weiterlügt. Zu seiner Ehrlichkeit kann sie nur begrenzt beitragen. Wichtiger ist die Frage, wie sie sich in Zukunft vor den Folgen seines Lügens schützen kann.

Ergreifen Sie Konsequenzen

Wenn Sie vom Lügen des Partners betroffen sind, wird das ein Stück Ihres Vertrauens kosten. Dies sollten Sie Ihrem Mann deutlich machen, indem Sie Konsequenzen vereinbaren für den Fall, dass Sie nochmals von ihm belogen werden. Die Betonung liegt hier auf dem Wort »vereinbaren«. Es nutzt wenig, einseitige Konsequenzen anzudrohen, weil Sie sich damit auf ein Verhalten festlegen, das Sie später vielleicht überhaupt nicht ergreifen wollen. Wenn Sie sich hingegen auf den manchmal mühsamen Prozess des Vereinbarens von Konsequenzen einlassen, können Sie diesen Vorgang nutzen, um Ihre persönlichen Grenzen zu verdeutlichen.

Verdeutlichen Sie Grenzen

Zu jeder Beziehung gehört ein gewisses Maß an Schwindeln oder Verschweigen. Eine bewusste Lüge geht demgegenüber zu weit. Doch wo liegen die Grenzen? Welche Lüge könnten Sie ihm verzeihen? Und wodurch würden Sie sich zu sehr verletzt fühlen? Ihr Partner sollte wissen, wo Sie Wahrheit erwarten und wo Ihre persönlichen Grenzen liegen.

Beispiele aus dem Beziehungsalltag

Ein Beispiel aus dem partnerschaftlichen Bereich:

Das Paar führte ein gemeinsames Konto, auf das die Gehälter beider flossen. Größere Anschaffungen wurden miteinander abgesprochen. Doch der Mann gab wiederholt Geld für Dinge aus, ohne seine Frau zu informieren. Er log nicht direkt, aber hielt seine Versprechungen nicht ein. Gerade hatte er sich ein neues Auto bestellt, wodurch das Konto bis zum Limit überzogen wurde. Der Frau wurde klar, dass sie ihm in finanzieller Hinsicht nicht mehr vertrauen wollte. Also informierte sie sich, wie sie für seine Schulden haften musste. Als sie erfuhr, dass sie bei einem gemeinsamen Konto für alles voll haftbar war, zog sie Konsequenzen. Sie richtete sich ein eigenes Konto ein und stieg aus dem anderen aus. Der Mann war künftig von den Folgen seines wirtschaftlichen Handelns selbst betroffen, sie hatte sich geschützt. Der Beziehung tat es gut, denn der Frau war nun »egal, was er mit seinem Geld macht.«

Ein Beispiel aus dem freundschaftlichen Bereich:

Der Mann war begeisterter Drachenflieger. Dabei hat er sich vor einem Jahr einen Lendenwirbel gebrochen. Der war inzwischen verheilt, aber nun war ein Kind unterwegs. Seine Frau hatte ihm daraufhin das Versprechen abgenommen, nicht mehr zu fliegen. Dann stellte sich kurz vor der Geburt heraus, dass er nicht wie vorgegeben an einer Fortbildung teilnahm, sondern seinem Hobby nachging. Seine Partnerin war sauer. Sie fühlte sich von

ihm getäuscht und machte ihm klar: »Mit einem Mann, dem ich nicht vertrauen kann, möchte ich kein Kind aufziehen.«
Die beiden traten nun in eine Auseinandersetzung, in der der Mann »Farbe bekennen« musste – denn seine Freundin hatte unmissverständlich klargemacht, dass sie sich »weiteren Lügen nicht aussetzen wollte.« Der Mann zog daraufhin sein Versprechen zurück, nicht mehr zu fliegen, erklärte sich aber zu Einschränkungen bereit. Er sagte: »Ich habe mich zu dem Versprechen genötigt gefühlt. Wenn du keine Lügen willst, dann musst du deine Angst aushalten. Ich werde ab und zu fliegen.« Seiner Freundin war diese Lösung zwar nicht recht, aber lieber, als von Lügen bedroht zu sein. Die beiden schlossen eine Unfallversicherung ab, die auch für Drachenflieger galt. Damit war der Konflikt beigelegt.

Ein Beispiel aus dem emotional-leidenschaftlichen Bereich:
Der Mann war fremdgegangen, dennoch ging die Beziehung nicht auseinander, weil seine Freundin zu ihm hielt. Eines Tages erfuhr sie, dass er zwei seiner besten Freunde ein Märchen aufgetischt hatte: Seine Freundin hätte ihn auf Knien angefleht, bei ihm zu bleiben, da hätte er es nicht übers Herz gebracht, sie zu verlassen. Sie war entsetzt, fühlte sich von dieser dreisten Lüge stark verletzt und noch mehr gedemütigt als durch den damaligen Seitensprung. Sie zog sich für einige Tage zurück, um für sich zu klären, wie sie mit der Lage umgehen wollte. Schließlich wurde ihr klar, dass sie eine Wiedergutmachung wollte.
Sie stellte ihren Freund nun vor die Alternative. Entweder er erklärte schriftlich, dass es sich um eine Lüge handelte und läse diesen Text den beiden Freunden in ihrem Beisein vor. Oder sie verließe ihn. Der Mann spürte, dass sie ernst machte und ging

seinen »Canossa-Gang«. Die Angelegenheit ging gut aus. Die beiden Freunde zeigten sich beeindruckt von seiner Ehrlichkeit und dem Mut seiner Frau. Er selbst begriff, was er ihr zugemutet hatte. Sie zeigte sich durch diese Wiedergutmachung versöhnt.

Verlangen Sie Wiedergutmachung

Ist es dennoch passiert und Sie sind belogen worden und gibt Ihr Partner zu, falsch gehandelt zu haben, so steht Ihnen eine Wiedergutmachung zu. Teilen Sie ihm mit, was Sie dafür wollen, es »gut sein zu lassen«. Auch sich auf eine Entschädigung zu einigen, ist wichtig, oft mehr als das Ergebnis der Verhandlungen. Denn im Laufe dieser Auseinandersetzung kann Ihr Partner Sie besser kennenlernen – und umgekehrt. So kann neues Vertrauen entstehen.

FAZIT

1. Lügen ist menschlich. Wer sich eine Beziehung frei von Schummeleien wünscht, der scheint etwas naiv zu sein.

2. Solange sich die Lügen des Partners in einem erträglichen Rahmen halten, mag eine Beziehung davon auch nicht erschüttert werden und kann sogar davon profitieren.

3. Erst wenn die Grenze des Erträglichen erreicht oder überschritten ist, ergibt sich Handlungsdruck. Wo diese Grenze liegt, das muss jedes Paar für sich entscheiden.

Bücher und Adressen, die weiterhelfen

Veröffentlichungen des Autors

Liebe leben,
nordholtverlag

Wie Männer und Frauen die Liebe erleben,
nordholtverlag

Von wegen Venus und Mars,
nordholtverlag (E-book)

Liebe und Partnerschaft,
nordholtverlag (E-book)

Die Liebe der Individuen,
nordholtverlag (E-book)

Hilfe, mein Partner ist dominant,
nordholtverlag (E-book)

5 Lügen, die Liebe betreffend,
nordholtverlag (auch als E-book)

5 Wege, die Liebe zu leben,
nordholtverlag (auch als E-book)

Der kleine Paarberater,
nordholtverlag (auch als als E-book)

Lebt die Liebe, die ihr habt,
Rowohlt

Die Beziehungstrickkiste,
Gräfe und Unzer Verlag

Wo bist du, und wenn nicht wieso? Wie Sie den passenden Partner finden, ohne ihn zu suchen,
Gräfe und Unzer Verlag

Bücher aus dem Gräfe und Unzer Verlag

Matschnig, Monika: *Körpersprache der Liebe – Geheime Signale erkennen und gezielt aussenden*
Pohle, Rita: *Liebe geht auch einfach – Lass los, was deine Partnerschaft belastet*
Zurhorst, Eva-Maria und Wolfram: *Beziehungsglück*

Weiterführende Literatur

Fine, Cordelia: *Die Geschlechterlüge*
Klett-Cotta

Duerr, Hans-Peter: *Die Tatsachen des Lebens. Der Mythos des Zivilisationsprozesses*
Suhrkamp

Link zum Autor

www.michaelmary.de
Beratungen, Seminare und Workshops, Online-Workshops, Fortbildungen, E-books, Bücher, Clips, Videos, TV und Presse, Termine

Sachregister

IMPRESSUM

Projektleitung: Ann-Kathrin Kunz
Lektorat: Anna Cavelius
Umschlaggestaltung und Layout:
independent Medien-Design, Horst Moser,
München
Herstellung: Susanne Mühldorfer
Satz: Uhl & Massopust, Aalen
Reproduktion: Longo AG, Bozen
Druck und Bindung: GGP Media GmbH,
Pößneck
Illustrationen: Felix Reidenbach
ISBN 978-3-8338-3950-4
1. Auflage 2015

Wichtiger Hinweis
Die Gedanken, Methoden und Anregungen in diesem Buch stellen die Meinung beziehungsweise die Erfahrung des Verfassers dar. Sie wurden von ihm nach bestem Wissen erstellt und mit größtmöglicher Sorgfalt geprüft. Sie bieten jedoch keinen Ersatz für persönlichen kompetenten psychologischen Rat. Jede Leserin, jeder Leser ist für das eigene Tun und Lassen auch weiterhin selbst verantwortlich. Weder Autor noch Verlag können für eventuelle Nachteile oder Schäden, die aus den im Buch gegebenen praktischen Hinweisen resultieren, eine Haftung übernehmen.

Die GU-Homepage finden Sie unter
www.gu.de

www.facebook.com/gu.verlag

QUALITÄTS GU GARANTIE

Liebe Leserin, lieber Leser,

haben wir Ihre Erwartungen erfüllt? Sind Sie mit diesem Buch zufrieden? Haben Sie weitere Fragen zu diesem Thema? Wir freuen uns auf Ihre Rückmeldung, auf Lob, Kritik und Anregungen, damit wir für Sie immer besser werden können.

GRÄFE UND UNZER Verlag
Leserservice
Postfach 86 03 13
81630 München
E-Mail:
leserservice@graefe-und-unzer.de

Telefon: 00800 / 72 37 33 33*
Telefax: 00800 / 50 12 05 44*
Mo–Do: 8.00–18.00 Uhr
Fr: 8.00–16.00 Uhr
(gebührenfrei in D, A, CH)*

Ihr GRÄFE UND UNZER Verlag
Der erste Ratgeberverlag – seit 1722.

GRÄFE UND UNZER

Ein Unternehmen der
GANSKE VERLAGSGRUPPE